職場が変わる

働きやすくする参加型改善

小木和孝
川上剛

現代書館

フィリピンのワイズ方式応用による改善事例

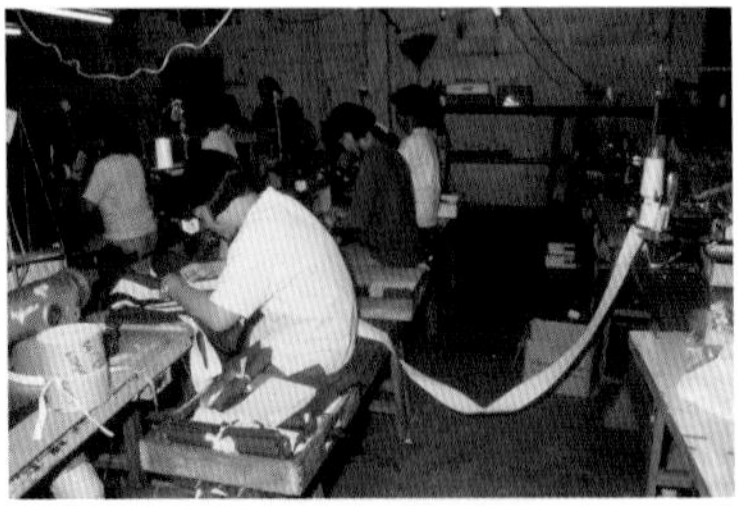

縫製作業の改善前

→

対話で改善後

屈まないで載せられる台車

足台・肘台つき机

工具入れとオン・オフ盤

便利で清潔な飲み水

口絵1………現場の技術を生かした低コスト改善例

整備した道と台車の活用

取り易い農具置き場

多段棚と肘高で使うかまど

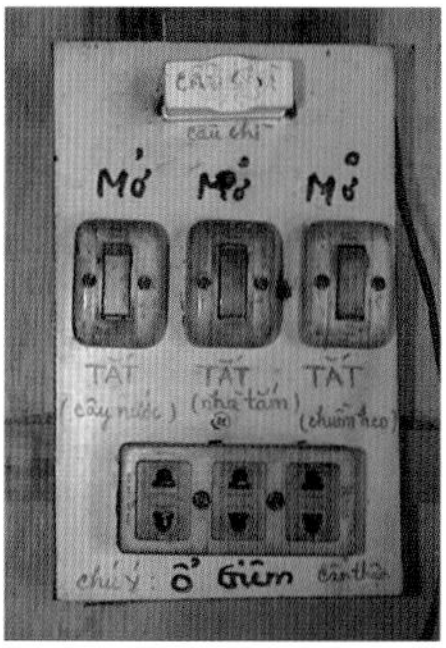

見分けやすいラベル

農薬容器の安全な保管

便利で清潔な飲み水

口絵2………ベトナムのウインド方式による改善例

④医療介護職場	③新型感染予防	②家内工業	①中小企業
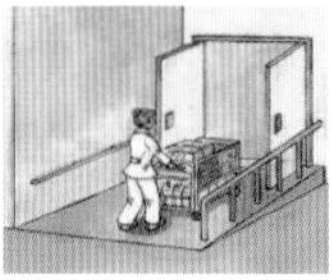			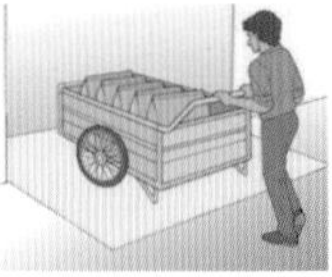
妨げのない通路	予防対策会議	可動の保管場所	台車の利用
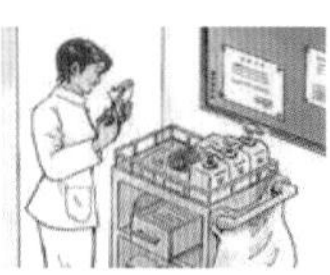			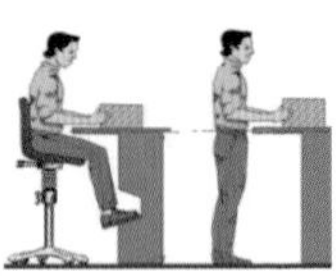
使い易い器材配置	地域情報の活用	手の届く作業材料	肘高の作業面
	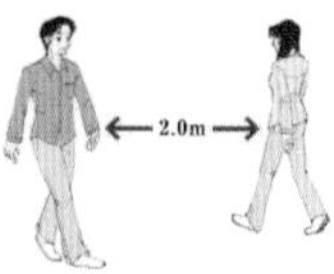		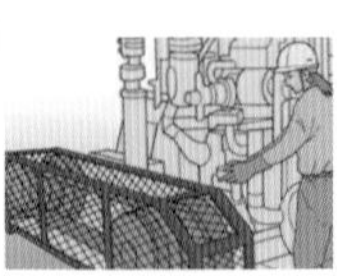
安全な機器扱い	社会的距離の維持	危険個所の防護	危険個所の防護
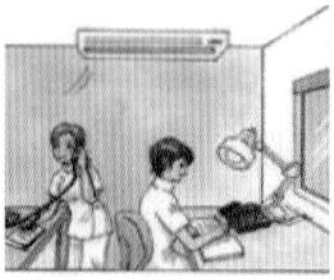			
快適な空調設備	消毒と清潔の維持	局所証明の利用	十分な照明

適正な保護具着用	手洗い設備	休憩コーナー	爽やかな休憩室
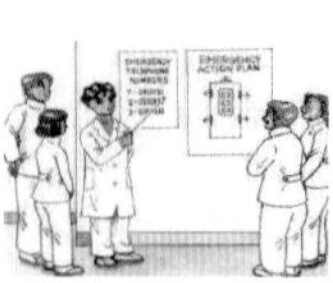			
緊急時計画の周知	支援策の協議	チーム仕事の工夫	よいチームワーク

口絵3………業種別にみた参加型改善アクションを示すイラスト例

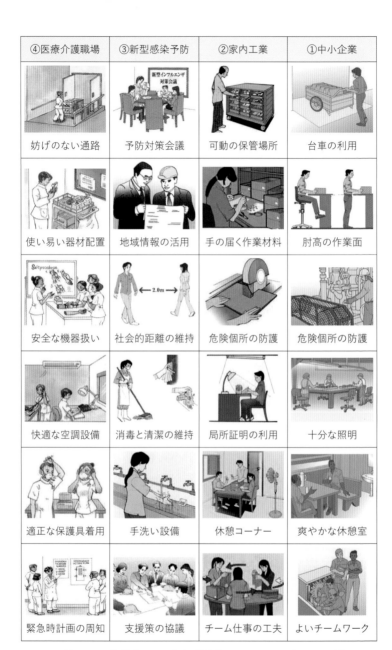

職場が変わる——働きやすくする参加型改善

はしがき

職場の仕事のしやすさや仕事まわりの環境条件を広く取り上げて、仲間たちが話し合ってすぐに改善していく「参加型の職場改善」が、いま世界中の多くの途上国や、日本や韓国でも、広く行われるようになっています。この方法はさまざまな業種の職場で取り組まれ成果を上げていますが、「安全で健康に、働きやすい職場づくり」を指向するもので、近年、職場の課題となっている「メンタルヘルス」の向上にもつながるものです。そうした関わりもあって、「職場ドッグ」という名前で始まった、日本発祥の、地方自治体の職員を対象とした新しい取り組みでも参加型改善が使われていて、評判になっています。

この本を手にとられた読者の方で「参加型の職場改善」という言葉をどこかで聞いたことがある、あるいはすでに体験したことがあるという方がいらっしゃるかもしれません。しかしその一方で、まったく初耳という方もいらっしゃるかもしれません。そこで、どんな方に読んでいただきたいか、簡単にお話しいたします。

いまお仕事をされている方で、職場でのコミュニケーションや仕事上での安全面と健康面に何か不安を持っておられる、あるいはそうした不安や不満をだれかに聞いてもらいたいと思うあなた、ぜひこの本を手にとっていただきたいと願っている十二分な候補者です。

「働きやすい職場」とは何か、そもそも「働きやすさ」とは何かといった疑問を持たれているあなた、あるいは職場環境を少し変えたいと思うのだが、どこをどう変えるのかその手がかりを見つけたいと思われているあなた、ぜひこの本を読んでいただきたいと願っています。

こうしたお願いを言う前に、私たち著者が何者か、自己紹介することが礼儀から言って先ですね。この文を読まれている以上、巻末の著者紹介文をすでに読まれたかもしれません。この本の中心テーマである「参加型の職場改善」という方法の開発と普及に、私たちは関わってきました。私たち二人とも医師で、特に産業保健学を専門とし、職場で働く人たちの健康と安全に取り組んでいます。

しかし、参加型改善という方法が確立されるまでに、職場で働く多くの人たちとの関わりがありました。こうした方々の参加なくして、この方法は生まれませんでした。その意味でこうした方々は、参加型改善を共に開発した主体であったと思います。また、そうした職場の事業主の方々、関係する政府関係者の方々、仲間の研究者たちの教えや指導、支援などたくさんありました。以上の方々に深い感謝を申し上げます。

実は、そのスタート（源流）は、いまから三八年ほど前、東南アジアの中小規模の製造業にありました。東南アジアの中小企業に始まった参加型職場改善の輪は、その周辺の国ぐにから南アジアと中央アジアへ、さらに東欧、アフリカや中南米へと普及します。やがて日本国内でも、職場労使の対話による労働条件見直しの機運もあったことから、中小企業、医療と介護の現場、建設業、自治体、そして外食産業などサービス業にも波及していきました。これは、私たち当事者から見ると、参加型職場改善の「逆輸入」と呼べるものです。

当初から、私たちが参加・協力できたのは、国連組織の一つである国際労働機関（ＩＬＯ）の後押しが機能したからです。そのスタートでアジアの国ぐにの政労使の当事者たちと交流し合えたのは、ＩＬＯ職員またはそのコンサルタントとして私たちが加わったからでした。

職場環境を改善すると言えば、時間的・金銭的に余裕のない中小企業にはできない相談で、大企業だけができることとかつて誤解され、考えられる向きもありました。その方法はと言えば、とかくその方面の専門家が指導するトップダウン方式が行われていました。専門家の講演を社内で聞き、専門家のアドバイスを受け、企業の中で対策を実行に移すのです。企業の中には、安全担当や危機管理担当者がいて、そうした担当者に任せきりということも多かったのです。こうしたことがまったく無駄であったというわけではありませんが、危険は組織にだけ及ぶものではなく、個人にも降りかかるものです。ある装置のボタンを「押すか押さない」といった個人の操作ミスだけが事故の原因ではなく、リスクは作業環境や作業編成そのものの中に内在していることもむしろ多いのです。

世界中で多くの働く人びとが労働災害や職業関連の疾病で命を失い、また重い障害を受けることも多発したのです。化学物質の流出や爆発による事故、長時間あるいは過密な労働による心身の過労、複雑な作業や職場に起因するメンタルヘルスの不調など、私たちの身近なところで安全や健康を脅かされることも多かったのです。災害や事故、体調不良の症例が発生し、事後にその原因を見つけ因果関係を探ることも大切ですが、課題は、発生する前にその原因をなくするか、または予防する手段がとれないかどうか、です。

これは、大企業だけに起こる問題ではなく、むしろ中小企業や末端のさまざまな現場にこそ、しわ寄せが強く出るものです。事業主も労働者もこうした状況に対する危機意識は同様にあって、安心して働ける職場を作りたいという希望には、組織の大小は関わりがないものです。

人の健康と言えば、とりわけわが国では個人の生活健康習慣や生活習慣病の早期発見にばかり眼が向きがちですが、産業や仕事に起因する安全健康リスクもまた多いのです。そのため、職場の作業そのものにある安全健康リスクの発見と対策にもっと軸足を置かなければいけません。実は、この本で申し上げる「参加型の職場改善」は、職場の現場にいる労使が自主的かつ継続的に職場点検を行い、先手先手で改善を押し進めていこうとするものです。

「参加型の職場改善」のやり方では、写真やイラストで示された改善策を盛り込んだチェックリストを使うことと、そうした改善策候補の多くが低コストであることが、その大きな特徴なのです。たとえば、改善策のなかには、荷物を運んだり人が行き来する通路に邪魔なものは置かないようにするとか、重い荷物の移動では人間が下から上に持ち上げるのではなく同じ高さの平行移動で済ますとか、カートや車輪付きの台車に載せて運ぶといった「人体にやさしい提案」が含まれるのです。労働する場所の騒音や照明や障害物、休憩する時間や場所に気配りするのです。

さらに、現場の仲間どうしが話し合って改善策を決める方法は、労使が同じテーブルで話して即決することと同じで、中小企業に似合いの、ふさわしいやり方と言えるのです。労使が同じテーブルにいれば、決まった改善策はすぐに実行に移されるのです。

同じ職場に働く仲間が話し合って環境条件を改善することは、社会的分業が始まった古い昔から行われてきたことで、それ自体は珍しいことではありません。しかし、仕事が工業化し産業化が進行するなかで、職場に効率化優先の仕事のやり方が進行し、気がつけば職場環境は悪化の一途を辿っていたのです。そうした中で、働く現場を見つめる「小回りの対話」はともすれば後手に回りがちで、穴埋めかせいぜい補足的な手当てとみなされがちでした。そこでもう一度、職場の仲間の意気込みを生かす対話を支える仕組みを作る方向で、現場を働きやすく変えようとしたのが、「参加型の職場改善」でした。

ここで、「参加型の職場改善」が何であるか、その特徴を箇条書きで紹介しましょう。詳しくは、本文で述べます。

第一の特徴は、「仲間の知恵」、グッドプラクティスに学べ、ということです。地域の同じ業種や似た職場ですでに実践されている良好事例に学び、それを写真やイラストで示した良好事例・改善策を盛り込んだチェックリストをつくることから始まるのです。

第二の特徴は、そのチェックリストは、作業方法、作業環境から作業編成や福利設備までを含む多面対策に及ぶものであるということです。同じチェックリストを持って、現場で働く仲間たちと事業主が一緒になって現場を点検し、その後でグループ討議をし、すぐに改善策を決めるのです。

第三の特徴は、こうした職場の合意でもって、「すぐにアクション」を起こすことにあります。第四の特徴は、先に述べたように、改善策候補の多くが低コストでできる、それが大きな特徴なのです。

なぜ参加型対話方式が国境と業種の枠を超えて広がっていったのか、本書で詳しく掘り下げてみたいと思います。ここではただ一点、参加型職場改善が国際的には「ワイズ方式」として呼ばれる理由を述べておきます。「小企業労働改善」を意味する「ワーク・インプルーブメント・（イン・）スモール・エンタプライズ」の頭文字に当たるＷＩＳＥから、「ワイズ方式」と名づけられたのです。ところが、ワイズが「賢い」という意味をもつことから、「賢い」やり方ないしは「賢い」小企業という意味で独り歩きを始めたのです。

この「賢い」小企業というアプローチには、示唆に富む利点が隠されていました。日本では少子化が進み、若者の将来への不安の声をよく耳にします。若手労働者の労働災害の発生率が高いことは、世界各国の統計を見てもそうなのです。その背景には、若者の経験不足に加えて、現場の知恵や常識が伝わっていかないコミュニケーション不足という点も指摘されています。「働きやすさを高める」、そして「働きがいのある職場づくり」という課題は、若い労働者のみならず多くの労働者にとっても大切なのです。

参加型改善は、中小企業のみならず、安全衛生が整っているといわれる大企業でも、利益があります。職場の安全・健康リスクに気づくのは、現場の最前線にいる労働者である場合が多いからです。この事実からスタートして、自主改善のイニシアティブを支援するのが参加型改善です。そうした「波」が、日本でもさらに広がっていくことを願っています。

目次

第五章 参加型改善の新展開

第一章　ワイズ方式の誕生

中小製造業で職場改善事情を調査

アジア地域に限らず、世界中のどの経済圏でも、多くの中小規模経営が地域経済の基盤です。中小事業場は、経済の担い手としても、労働人口の割合でも目立つ存在です。二十世紀後半になって、日本を含めアジアや欧米の多くの国が経済成長を遂げる中、労働災害や職業病、公害が人びとの関心を集めるようになったのは、一九七〇年代以降のことです。労働の現場では、長時間労働や夜勤だけでなく、有害環境や、頸肩腕症候群、腰痛などの健康障害対策が注目を浴びるようになりました。

それまでは、労働者が経営側から受け取る賃金の多寡や、労働負担の大きさや、災害率などが主な問題とされ、労働現場における「生活の質」の向上や、心理・社会面をふくめた働きやすい職場環境に眼が向かう動きは限られていたのです。その点、国際労働機関（ＩＬＯ）が一九七五年の総会において「労働の人間化（Making work more human）」に力点を置き、労働条件の改善と向上に向けた国際協力に力を入れる第一歩を踏み出したのは意義あることでした。「労働の人間化」とは、労働をより人間的なものにする方策の総称であり、仕事のやりがいや働きやすさを追求する、労働の質的側面重視の労働観です。こうして世界的に見て、人数の多い中小事業場を安全で健康な職場に変えるにはどう取り組むかが、大きな課題と捉えられたのです。

そのような時期に、著者のひとりである小木は、民間の研究機関である労働科学研究所を拠点に、国内での労働環境の改善の仕事を続けていました。とりわけ、労働者の「疲労」に注目し、疲労には精神的疲労と肉体的疲労があること、通常の疲労であれば休憩や休息でもって普通にリカバリーできるが、慢性的な疲労状態が続いたり、決算間際などの理由で残業が続いたり強い労働負担が加わることによって、リカバリーのできない状態におちいることに注目しました。そこで、後者のような疲労を「ぐったり疲労」と名づけ、その予防策に注意を喚起した著書をまとめるのです。

日本の国や企業から東南アジアへの投資や進出が進んだのも、そんな時期でした。他の先進国や企業でも同様な事情で、アジアへの投資や進出が進んだのです。やがて小木は、東南アジアの大学・研究所とのつながりで、各国の中小企業の労働現場を見る仕事に携わっていきます。そんななか一九七六年以降、ＩＬＯが途上国を対象とした技術協力事業「労働条件改善国際プログラム」を打ち出したのを機に、東南アジアへの現地支援チームに小木も参加します。そしてフィリピン、タイ、インドネシアで、現地の政府と労使代表が参加する全国セミナーなどにアドバイザーとして参加し、職場での改善をどう進めるのか、話し合いました。

各国の中小企業を訪れるとどこでも気持ちよく対応してくれたのが、とても印象的でした。少し乱雑に材料や部品がおかれている現場でも、いろんな工夫をして、作業しやすくしていることが分かりました。区分けして整理された保管棚、手押し式の運搬車、取りやすい位置に小分けして置かれている部品、同じテーブルを囲んでの組み立て作業、換気や手元を明るくする照明の工夫など、さまざまな事例を見て回ることができました。そのような中、好事例を整理して共有することが、現場改善の良い促進剤になるという思いで、現場で写真が撮れるときは、好事例の写真だけ撮るようになりました。

アジア中小企業の現場を知る上でよい転機となったのが、労働科学研究所が参画して一九八〇年に行われたアジア諸国の中小企業労働環境調査でした。この調査では、労働科学研究所からILO本部の労働条件部へ出向したかたちで、各国を訪問して実施しました。対象国は、東南アジアのフィリピン、インドネシア、タイ、マレーシア、シンガポール、南アジアのバングラデシュ、インド、スリランカの八カ国で、作業改善の取り組みについて調べました。食品、繊維、金属加工業などの三〇〇人未満の中小企業五六社が対象となり、その半数近くが五〇人未満の小規模で、各企業を訪問して調査しました。

この調査には、各国の行政機関と専門職に加わってもらい、改善の成功例と困難だった例に分けて調べました。改善は多岐にわたり、物の運搬と資材の保管、作業台の高さや作業姿勢などの作業方法、作業機械の安全性、照明や換気の工夫、有害物の置き方など事故を回避・防止する作

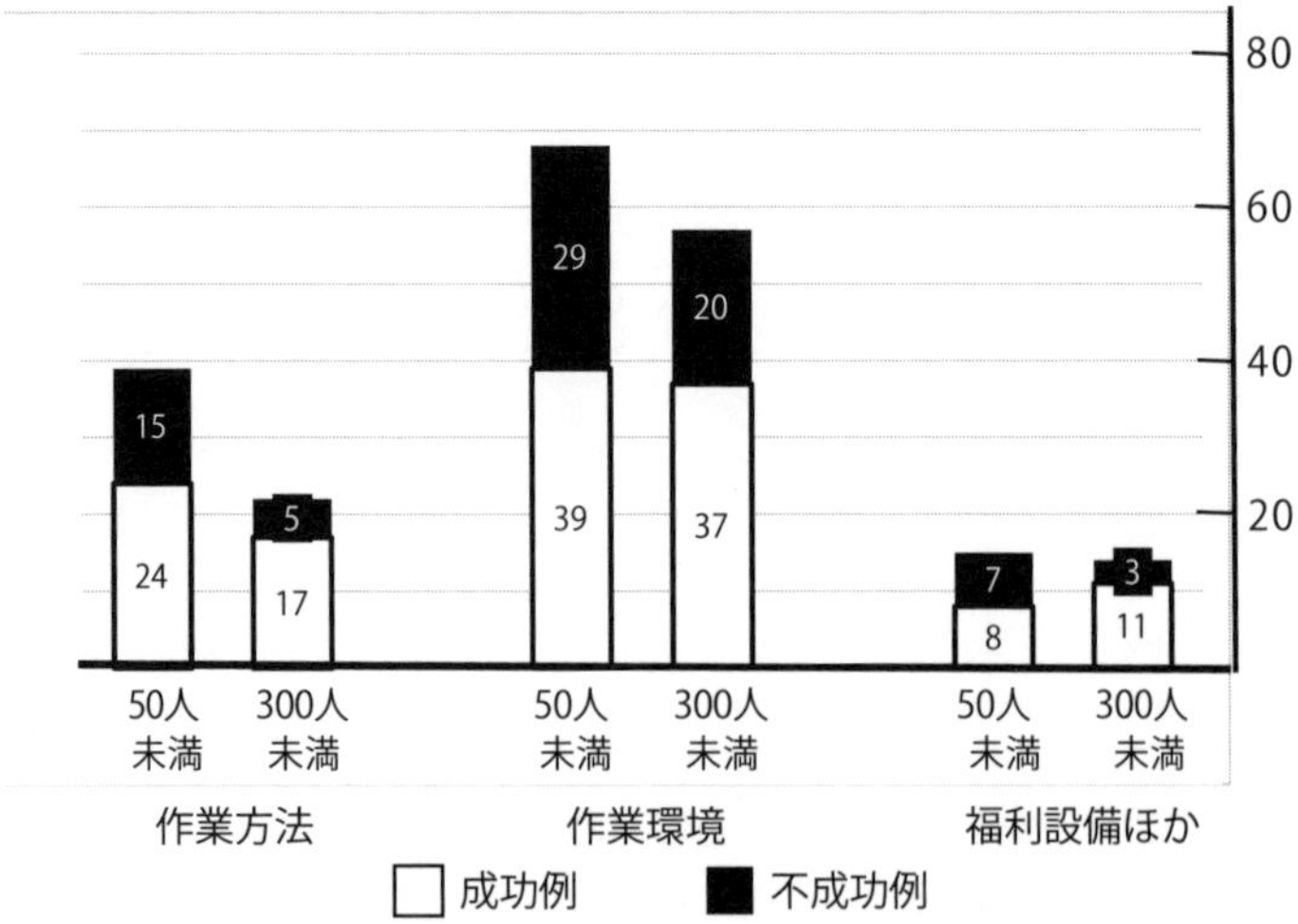

図１　アジア８カ国の中小企業における職場改善調査における成功率

業環境、休憩する福利設備などに関わるものが多いことが分かりました。そのなかでも作業方法や作業環境についての改善の成功例が目立っていました。この調査と並行して、中小企業対象の郵便アンケート調査も実施されました。結果は図１に示すように、合計二一五例の現場改善例で、そのうち部分的な成功事例を含めた成功率が、六割を超えていたことが印象的でした。三〇〇人未満で成功率が高めですが、五〇人未満でも作業方法や作業環境の成功率は六割内外でした。

比較的実施可能な改善としては、作業方法では工具・表示類、作業姿勢を含む機器操作、運搬法など、作業環境では照明・温熱環境、傷害防止、通路の整備など、そのほか福利設備の整備や研修の実施など、幅広い領域に及んでいました。このように中小規模であっても、日頃から多彩な職場改善に取り組んでいて、良い結果のときもそうでないときもあるものの、多くの場合に成功していることが分かったのです。この事例調査の結果は「アジア途上国小企業の労働条件改善」と題したＩＬＯ刊行物として一九八五年に多くの改善事例を載せて出版されました。

同じ調査結果は、ＩＬＯ労働条件部の示唆を受け、領域別の低コスト改善実例を写真で示す実例集「労働条件改善の低コスト方法　アジアからの一〇〇例」と題し一九八九年、ＩＬＯ刊行物として出版されます。取り上げた実例は、中小企業で日常の財政でまかなえる低コストで、かつ特別に新規な発明や技術に頼らず手持ちの材料と技術で実施され、生産性や製品の質の向上に役立つ改善に限ったのです。それでも、多岐にわたる改善が写真で示せたことで、世界的には、こちらの刊行物の方が、よく知られるようになります。

アジアにおける中小事業場の職場改善の実像が明らかになったことで、その典型的かつ基本的な特徴として、表1に示す四点を挙げておきます。

- 地域社会に地歩を確立するために経営改善している
- 日常的に改善に努め、成功率は高い
- 多彩な低コスト改善策を応用している
- 職場のイニシアティブに基づく改善努力が続く

表1　中小規模職場における現場改善事例の特徴

日本や欧米ではともすれば、大企業の実情やその労働現場の良さや質の高さがよく紹介されてきたのです。しかし、その周辺には中小規模の企業体もまた多く存在するのです。一般に中小企業は、大企業に比べ技術力や経済力の面でとても遅れていると捉えがちです。したがって中小企業の職場改善には、技術指導や仕事の効率を上げることを主眼とした専門家や現場を指導する指導者が必要だといった見方をしてしまいがちです。

これまで多様な安全・健康リスクに対しては、どう対応していたのでしょうか。当該の企業の作業現場の「作業網羅記述マニュアル」に近いものを作成し、何か事故が起きた場合には、作業者がマニュアル通りに作業していたかどうかが、検討されたのです。これでは「事故原因の後追い」であり、根本にある複合的・組織的な要因には踏み込んでいないという批判がありました。たとえ産業安全保健専門職がそこにいたとしても、そのエネルギーは「特定のハザード（危険性）の測定と判定」や、職場にいる人の健康診断の結果や職業病探しに向かいがちでした。

しかし、かつて日本の印刷工の技術力の高さや、製造業などさまざまな中小規模の労働現場をよく観察し、いまや東南アジアや南アジアの中小企業体の現場を見て調査した小木の眼には、中小企業の職場なりに、仕事のしやすさや効率を目標に、できる改善策を積み重ねていく気質のような伝統が多少とも根づいていると見てとれたのです。良い製品や技術力で地域経済に貢献していくという気概や方向づけが、さまざまな職場からパワーとして感じとれたのです。技術開発や職場改善の自助努力が現場にすでにあるのなら、企業内の進展をさらに支える協力関係を図ることが、働く人たちの職場条件の向上に効果的だと思えたのです。国際協力のあり方も、行政機関や関連組織の支援も、こうした中小企業の中にある改善指向を具体的に支える方策こそが実り多いことを示唆していると捉えたのです。

現場で働く人どうしが対話する効果

国際協力では、職場改善を日常的に行っている状況を踏まえての支援策が大切だと思えました。先に述べた初期調査のすぐ後に、「中小職場改善ワークショップ」を、一九八〇年代にかけてアジア各国との協力で実施します。各事業場で行われている改善実績を認め合い、新しい改善を提案する新方式では、ＩＬＯ本部労働条件部とアジア太平洋総局が協力してチームを組んで行いました。

まずフィリピンで、一日ないし二日の現場改善トレーニングをワークショップ形式で、現地の大学や研究所などの協力を得て、家具、靴、金属製品、衣料などいくつかの製造業で行いました。トレーニングには、三〇項目ほどの低コスト改善策アクションをリスト化して、各項目の記入欄に「提案しない」「提案する」に相当する「いいえ」「はい」を記入するようにしました。「いいえ」は現状是認、「はい」は現状変更に当たるので、「アクションチェックリスト」を使えば、働く人自身が提案の是非を評価するのに使えます。この方式が、その後の進展へ大きな梃子《てこ》となります。

「アクションチェックのリスト化」では、安易に海外の事例に着目するのではなく、同じ地域や同種の職場での改善事例に例をとる方が、実践応用の可能性が大きいと判断しました。工場訪問にあたっては、すでにその現場にある良い事例にも同時に注目します。それらを示す写真やイラストが、使われます。

もう一つ重要で望ましかったのは、中小企業にとって必要な短期研修を、半日、一日ないし二日程度のトレーニングで改善方式を実習することでした。国際協力では、研修は短期で効果的な方式にまとめることが、とくに大切です。そのためには、作業方法、作業環境から休憩制や福利設備までを含む広い範囲を、どのようなバランスで取り上げるかがいつも課題でした。中小企業でもすぐ取り組める低コストの広域改善に力点をおき、具体的事例を示しながら、広い範囲にわたる改善ポイントを分かりやすくまとめて示すようにしました。作業方法や作業環境、そのほかの福利設備や作業編成についても、それぞれの改善視点を三、四点程度にまとめ、多くの中小企業に共通する改善策として、分かりやすく例示しながら示すほうがよく、短時間の意見交換と議論をし、効果の上がる改善策を選択できることがよいと分かってきたのです。

当時は、どの分野でも技術研修には、伝統的な講義方式で行うのが普通だったのです。しかしこれでは専門家の助言や注意喚起を聞いただけに終わり、具体的改善という「結実」を産まないことも多かったのです。ここで思い切って、小グループに分けてのグループワークで内容を理解しながらすぐに「自主決定していく方式」に移行したことが幸いしました。現場のイニシアティブを尊重したのです。そこには、現場の労働者と経営者がともに参画し、その結果がすぐに反映できる狙いがありました。職場改善について、研修の始めから最後の改善計画まで、グループワークを繰り返す方式は、どこでも受け入れられやすいことが分かってきました。「アクションチェックリスト」の演習でも、技術領域別の改善策を実習し、グループ対話を必ずそのつど行うように研修プログラムを組みました。安全健康分野のこの新しい研修法に、どの国の行政機関も、またどの業界も、すぐに賛同してくれました。

広域低コスト改善を現場の対話式研修で行い、そこにアクションチェックリストを組み込む新方式を、ＩＬＯ本部の労働条件部によるアジア太平洋地域の技術協力の一分野として推進するようになりました。労働者・経営者の対話による労働条件向上を「労働の人間化」の推進策の一つとして取り上げていく、それが時代背景の動きに合致したことは幸いでした。本部からの出向者も含めてアジア地域での研修を行っていく過程で、研修内容が次第にまとまっていきました。広域の低コスト職場改善策を三〇項目内外のチェックリストにまとめることが自然になり、技術領域ごとに少数項目にまとめた低コスト策の事例をイラストや写真で示しながらグループワークで研修するプログラムの骨格ができたのが、一九八〇年代半ばのことです。

チェックリスト演習から研修に入るプログラム内容は次のようにまとまりました。こうした研修の順序が以下の内容でもって定着していったのです。

・現場訪問をしながらのチェックリスト演習とグループワーク
・「作業方法」についてのスライド提示とグループワーク（資材取り扱い、ワークステーショ

ンまわりの操作)
・「作業環境」についてのスライド提示とグループワーク(照明、換気、温熱、有害物対策など)
・「福利設備」、休憩制など「作業編成」についてのスライド提示とグループワーク(飲料水、休憩設備、チーム作業など)
・訪問した現場についての良い点と改善点のグループワーク

グループワークの繰り返しでは、常に各グループごとに、訪問現場の良い点三つと改善点三つをまとめ、報告し合うようにしました。この研修内容から分かるように、技術領域ごとに、中小企業ですぐ応用可能な低コスト改善策を分かりやすくアクション形式で数項目にまとめてスライド提示することが、ごく自然に定着しました。実際の研修でも、技術領域別の低コスト改善策のスライド提示では、分かりやすく数項目の改善策として、その原則を含めて解説できるようになりました。

「作業方法」のうち、資材の保管と運搬では、整理された保管場所、運搬用の通路には障害物を置かない、資材を動かすときは手押しカートや手動運搬車、ローラーや車輪つきラックを使用、重量物リフトなどを取り上げ、機械や工具使用では、部品の配置の仕方、肘の高さでの操作、識別しやすさなどが課題となり、基本的な方策がまとめられます。

「作業環境」では、自然光の利用、照明のあり方、換気、温熱、感電ショックや絶縁・断熱に注意します。騒音や振動、粉じんなどの有害源には、対策を分かりやすくまとめます。「福利設備」では、飲料水、手洗い場、休息場所などの必備設備の点検に項目をしぼりました。「作業編成」では、さまざまな作業分担や休憩制などを例示で習うようにしました。

こうした領域別に、すぐに応用しやすい改善策を少数の原則にまとめて提示するとよいことも、経験から分かりました。どのグループワークでも、対象現場にすでにある良い点から先に討議し、それから改善点を広い視野で提案し合うように討議順序を統一するようになりました。こうした経験を積み重ねるうちに、グループワークに力点をおく中小企業トレーニングの対話方式の組み方が、現場の改善実施の良い支えになることが、研修チームにも、まわりの組織や行政当局にも共通理解されるようになったのです。

重要なことは、グループワークの討議に加わったトレーニング参加者は、その体験を自分の職場へ持っていけることです。すなわち、意識の高い参加者であれば、この研修に参加する内に、いま体験していることが、自分の職場改善を実践する自習をしていることにほかならないと気づくからです。訪問現場への議論を通して、自分の職場への「眼」を育てていきます。職場改善の「継続への意志」を引き継ぐこと、小さなリスク改善が実施され、その継続と積み上げが総体としてのリスク低減につながる、これはトレーニングの目的のひとつでもあります。

こうした流れを見ていけば、「アクションチェックリスト」の位置づけもはっきりします。訪問現場の良い点三つ、改善点三つをグループ討議することは、参加者にとっては「鏡」を通して自分の職場への愛着や評価につながり、また改善策を思考することで意欲も高まるという、二つの意味でいいのです。また、このような意識の高い参加者であれば、同じ職場に職場改善の方法を伝える橋渡し、「推進役」すなわちトレーナー候補者とも言えるでしょう。

ワイズ方式の誕生へ

改善提案用のアクションチェックリストを使った短期研修は、フィリピンでプログラム内容が確かめられた後、すぐに二年ほどかけてインドネシア、タイ、インドの都市近郊の中小事業場群を対象に同じプログラムで開催できました。その過程で、小木は当初は労働科学研究所からの出向のかたちで参加していたのが、ＩＬＯアジア太平洋総局所属のアジア地域労働条件アドバイザーとしてのトレーナー役を担うようになり、国際技術協力事業として認知されたのです。インドネシアではバリ島で、タイではバンコクに近い工業特区で、知己の産業保健仲間の協力を受け、地元に定着しやすい低コスト策を確認できました。またインドでは、南部のチェンナイ郊外の工業地区、北部のニューデリー南方の工業地帯、西部のムンバイから東に入った内陸部、のそれぞれにおいてワークショップを開催することができ、産業化が進行するなか、「参加型職場改善方式」が実効性のある結果をもたらしたのです。

この間、一九八五年にインドネシアで、ＩＬＯ主催の「発展途上国における人間工学国際シンポジウム」が開催されました。伝統的な安全作業や有害環境対策に加え、労働内容や労働生活の質の向上をいかに果たすか、「労働の人間化」の視点を実際の現場にいかに持ち込むかといった議論をしました。そうしたなかアジアで進展した「参加型職場改善方式」が大いに注目を集め、アフリカや中南米などほかの地域に広まる良いきっかけとなりました。

一連のワークショップ開催により一九八五、六年ごろまでには、中小事業場の現場改善策は、現場に働く人たちが直接に参加する対話で決定しすぐに実行に移す方式がよいことが、具体的な改善成果で検証されるようになりました。中小事業場からの研修参加者が同じような現地条件にある職場を訪問し、その低コスト改善策をグループ討議し、現場の人の対話方式で決定するという横のつながりも創出、定番のトレーニング法として確立されるようになったのです。

有効性が検証された、中小企業への新しい「参加型職場改善方式」は、一九八八年に「生産性が向上してより働きやすい職場」の書名で、アクションマニュアルとトレーナーマニュアルの二つの単行書としてＩＬＯから出版されます。この新しい参加型の小職場改善方式は、「小企業労働改善」（Work Improvement in Small Enterprises）の頭文字をとってＷＩＳＥ（ワイズ）方式と呼ばれ、このマニュアル集は、スペイン語、ポルトガル語、フランス語はじめ翻訳版が相次ぎ、付録の改善提案チェックリストとともに、多くの国ぐにで活用されました。こうしてアジア諸国での経験をもとにしたワイズ方式は、アフリカや中南米にも普及していくのです。

ワイズ方式は、表２に示す四ステップで行うことが定着します。

1. 職場巡視とチェックリスト演習	すぐ応用できる良好事例を知る
2. 技術領域別の改善原則を知る	小職場低コスト改善法を体系的に学ぶ
3. 自職場の良い点、改善点を討議	現地条件に合わせた改善策を提案する
4. 対象職場で実施する改善策に合意	現地条件ですぐ行う改善策をまとめる

表2 ワイズ方式ワークショップの四ステップ研修の進め方

四ステップ研修を具体化するために、ワイズ方式の中小企業研修を始めた当初から、小規模職場で労働者・管理者がすぐ応用できる低コスト改善策を列挙した研修用チェックリストを参加者に配布して使ってもらいました。その利用法を習う「チェックリスト演習」を、研修ワークショップの開会式のすぐ後に一つか二つの現地企業を訪問して行うようにしました。参加者は、小規模職場の実状をよく知る人たちなので、良好事例をみつけ、未解決の職場改善点のヒントが得られ、自分たちの職場（自職場）の良い点と改善点を自覚し、研修の良さをわが身で体験できることがよいと考えたからでした。

実は、中小企業対策が比較的進んでいたマレーシアで、チェックリスト演習を研修の「最初に」行う場合と、技術領域ごとの改善方針を一通り「習った後に」行う場合とを比較・検討したのです。結果、チェックリストで現場の良い点、改善点を自主判断できると認め合うことで、改善の進め方への理解が速くなることを確かめられたのです。改善方策を習う前に現場チェックすることに対して慎重な意見も一部にはあったのですが、参加者が自主判断していくイニシアティブをもつには、チェックリスト演習から始めるのが良いと決めました。チェックリスト演習を研修の始めに行っておく利点は、技術領域ごとの研修のさいに、すぐに認められました。各領域について一、二時間以内で習うのですが、すぐ応用できる低コスト改善の原則を三つから、五つないし六つぐらいにまとめて示し、具体例を事例写真とイラストで解説して、現場改善にすぐ提案することを体得するようにしました。四ステップ研修の最後のステップでは、総合討議によって、訪問した職場の良い点と改善点をそれぞれ三点ぐらいにまとめることをよく行いました。改善提案を少数にしぼって行うことが大いに意義あることを体験するようにしたのです。

前述の書「生産性が向上してより働きやすい職場」、その二部構成の一冊目「アクションマニュアル」では、技術領域別の改善原則をイラスト入りで解説し、低コスト改善アクション集としてまとめています。その付録に、「アクションチェックリスト」が載せられています。

他方の「トレーナーマニュアル」では、現場労使を対象にしたワークショップの準備の仕方、トレーニング資料の準備、チェックリスト演習の実施法、セッション別ワークショップの運営方法が、詳しく述べられています。その付録には、中小企業を対象にしたワークショップによる改善が後にどのように進行したかを示しています。そのことを「フォローアップ」と呼び、その結果を、表3に示しています。この表は、二五の中小企業を対象にワイズ方式の改善がどの技術領域で実施されたか、改善事例ごとに、その改善に成功したか、部分的な成功だったか、不成功

改善領域	企業数	計画数	完了数	進行中	中止数	追加数
保管と運搬	20	24	20	2	2	5
作業台	10	12	10	2	-	-
機械の安全	7	8	6	2	-	1
照明	8	23	20	1	2	3
有害物対策	16	10	5	4	1	1
構内整備	8	6	4	1	1	2
福利設備	5	10	8	2	-	3
作業編成	4	4	2	2	-	-
合計	25	97	75 (77%)	16 (17%)	6 (6%)	15

表3　ワイズ方式による改善状況のフォローアップの結果例

だったかを記入してもらいました。全体で九七の改善に取り組み、その八割に近い七五例がすぐに実施され、なお一六の改善策が進行中だったと例示しています。

　こうした事情をパーセントで示すと七七パーセントは完了し、残る内の一七パーセントが改善進行中で、中止は六パーセントでした。ワークショップのさいには計画になかった追加の改善数が一五例ありました。この表は、中小企業地域で実際に行ったワークショップに基づく調査結果であり、自主改善を促進する実地トレーニングが有効であり、一企業当たりいくつもの改善に取り組み、成功率が高いことが確かめられます。ワイズ方式トレーニングが、多数の領域での改善につながっていることを示しています。

この両マニュアルを使って、ワイズ方式が多くの国で応用されるようになったのは、四ステップ研修が分かりやすく、技術セッション別の構成が小規模職場の問題解決に役立つ目的のワークショップ運営によく適合していたからだと認められます。

四ステップの現場労使トレーニングの方式は、当初いくつかの国でそれぞれ二日ずつほどの小企業改善ワークショップを繰り返すうちに、ごく自然に確かめられた研修方式となりました。いずれもＩＬＯの途上国向け技術協力事業として行われたので、アジア太平洋総局でも、また後援した本部の労働条件部でも、この研修方式をまとめて、さらに多くの国ぐに向けた技術協力に取り入れていく方針をとるようになりました。その多くの事例で、小木はコア・トレーナー役として参加できました。

小規模職場の利点を生かすワイズ方式

一九八〇年代半ばからタイのバンコクにあるＩＬＯのアジア太平洋総局に労働条件地域アドバイザーとして五年ほど小木が勤務した時期に、ワイズ方式の中小企業向けの参加型労働改善に携わったことが、現場の対話で改善策実施を進める方式の開発と普及に役立ちました。この後、小木はＩＬＯ本部労働条件担当となり、ワイズ方式を含めての途上国労働環境向上の支援に従事しました。一九九〇年代には、小木、川上とも労働科学研究所の国際協力事業のなかで、参加型改善をいくつかのアジアの途上国で進めることができました。二〇〇〇年代から川上がＩＬＯアジア太平洋地域の労働改善、特に安全健康活動推進担当となったことが参加型改善の普及に役立ちました。その後も川上はＩＬＯ本部勤務で途上国支援を支え、二〇一〇年代後半からはインドにあるＩＬＯ南アジア技術支援チームに駐在する立場から、南アジア諸国への普及を進めています。こうしてアジアのさまざまな産業における小規模職場を対象に、参加型改善を後押しする機運に寄与できました。

　その中でも、参加型労働改善を普及していく良い契機になったのが、一九九〇年代前半にＩＬＯが取り組んだフィリピン各地域での小企業労働改善プロジェクトでした。このプロジェクトの企画に小木、川上はともにＩＬＯコンサルタントとして加わり、その自然の流れで現地研修にたびたび参加します。このプロジェクトによる一九九六年までの三年間の改善事例の内訳を図２に示します。各地域の中小事業場を対象にしたワークショップにより、プロジェクト全体で一七二五例の改善が行われました。

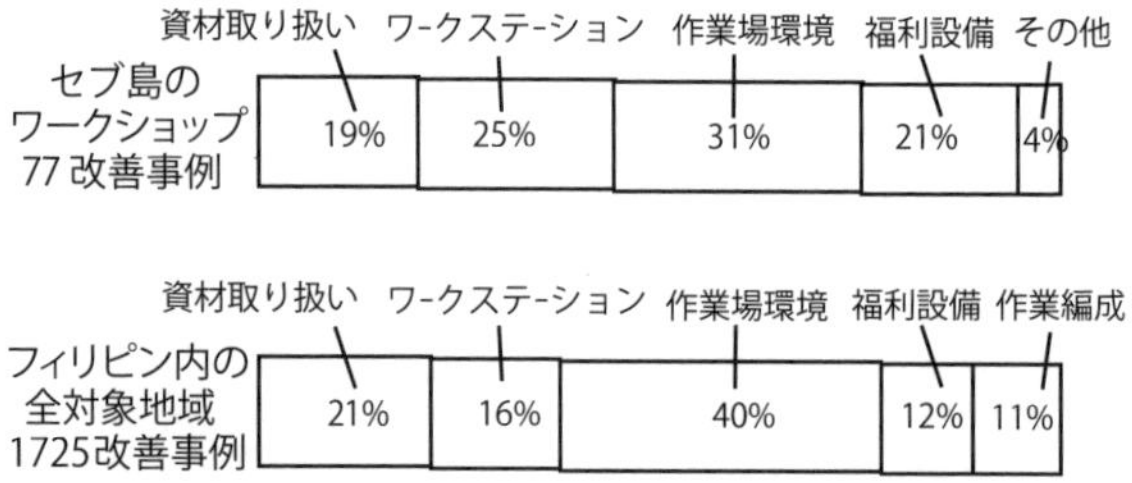

図２　フィリピンで行われたILOプロジェクトの成果

　セブ島一地域の場合とフィリピン全地域とを、改善領域別に集計した結果を比較すると、図２に示すように、似た分布を示していました。資材の保管と運搬についての改善が二割ほどあり、ワークステーションまわりの改善も多く、照明・換気や有害要因管理についての作業場環境の改善も多数行われました。セブ島、マニラ首都圏を含むルソン島各地、ミンダナオ島などで、参加型労働改善の地域トレーナーとなった労働監督官や経営者組織、労働組合の人たちと現地中小企業を対象に二、三日程度の短期ワークショップ方式で参加型の研修を繰り返しました。地域や業種が異なっても、領域別の改善割合に変化が見られなかったのです。

セブ島でワークショップを実施した中小企業を、一年後に再訪問し、フォローアップできた六一例についていて改善がどのように推移したか調査をしました。結果、六一例のうち一二例については改善を中断、残る四九例の改善は一部なお進行中のものを含めてきちんと保たれていました。自主的に新たに行った改善も複数の技術領域でなされ、一〇例が確認できました。ワイズ方式による改善が職場環境改善の「継続」に結びつき、労使の双方に良い影響をもたらしたことが示唆されました。

フィリピンで実を結んだ参加型改善方式がアジア太平洋地域における小規模事業場向け参加型労働改善法の応用成功例となって、各国への普及の良いはずみとなりました。一九九〇年代後半以降は、この方式がＩＬＯの途上国協力の一つの中核事業として位置づけられます。アジアでの経験で裏づけられた参加型労働改善方式がアジア諸地域に、そしてその後アフリカと中南米にも普及が図られていきます。

中小企業における参加型職場改善を推進する「ワイズ方式」は、まずアジア地域の多くの国ぐにで労使協力による現実的な安全健康職場づくりの取り組みやすい方式として推進されるようになっていきました。とりわけ、現場労使のトレーニング方法として普及していきます。アフリカや中南米のいくつかの国でも、その実績を上げていったのです。

その後「ワイズ方式」は、二〇〇三年のＩＬＯ総会決議「労働安全衛生に関する世界戦略」の中で、政労使協力による包括的な予防推進策の一つに取り上げられ、職場改善推進のためのトレーナー研修を軸にしたトレーニング方式として推奨されます。このＩＬＯの世界戦略の中で「ＷＩＳＥトレーニング資料をさらに改善して広く低コスト方式を活用すべきである」と指摘されたことが、労使対話に基づく参加型職場改善が多くの途上国で普及する良い契機となりました。職場に働く人びとの安全と健康の向上に参加型改善活動を活用する施策が労働行政の方針の中に取り入れられ、この方法を用いた「参加型小規模職場改善」が多くの途上国で広く普及し、現在に至っています。

途上国への普及をさらに促進するため、二〇一七年にＩＬＯは、中小事業場に広く応用できる参加型改善法の解説とアクションチェックリストをまとめた「ワイズ方式グローバルマニュアル」を刊行します。

大略、このような経過をたどったワイズ方式の開発と普及には、途上国の多くの人たちが関わっています。この方式を応用し現場改善が行われている業種も多岐にわたります。具体的な応用場面は、業種の特性や現地条件、当事者の経験に応じて、多様です。でも、職場の人びとの対話で現状の改善策を提案し、実施していくワークショップ形式の進め方と、その対話に活用する

「改善提案用チェックリスト」は、どの業種にも共通しています。常に、容易に応用可能な良い実践に見合ってすぐ実施する改善策を職場内の対話によって少数にしぼり込み、それをもとに優先的に合意して改善し、その結果を報告して職場にフィードバックします。

　職場内の対話を軸にすぐの改善結果に結びつけていく、その改善策の実施にあたっては、小規模職場の特性をよく理解することが大切です。何より重要なのは、小規模の特性に根ざす利点が必ずあるとの見方ではないでしょうか。小規模職場には、大企業などと比べて経済的・技術的な制約があるのは事実ですが、そうした制約があるとしても、その労働実態とその改善に関連して、小規模職場なりの利点があります。小規模職場の立ち位置とその特徴を生かした利点を、表4にまとめます。大切なのは、常に変化を指向し柔軟に改善を行っていく特性があり、小回りが利き、職場内の意思疎通も図りやすいことから、低コストですぐに改善に取り組めることです。「小さな低コストによる改善」が継続によって現場に積みあがっていくのです。

小規模事業場の立ち位置	**小規模の特徴を生かした利点**
地域社会の中での経営	⬇ 地域環境に見合って常に変化を指向する
小回りの利く規模	⬇ すぐに新しいことに取り組める
日常交流する人間関係	⬇ 日ごろから意思疎通を図りやすい
柔軟に対処する技術技能	⬇ 幅広く共有できている経験を生かせる
経済的な制約下の柔軟な対応	⬇ 低コストに取り組む合意ができやすい

表４　小規模事業場の立ち位置と利点

　小規模事業場どうしの横

のつながりも、大切です。地域社会の中で自前の位置を保って経営しており、似たような職場で、改善に前向きに取り組んでいる姿は必ず目につくはずで、双方の交流も深まるかもしれません。お互いがお互いを高め合います。

職場では現状からの変化に前向きで、新しいことにもすぐ取り組む体制が組みやすくなっています。日頃からの仲間どうしの交流も活発となり上下の人間関係は良く、労使間の意思疎通は図りやすくなっています。現場の条件に幅広く着目し、当面取り上げる技術的な対策を選んでいく点でも、職場内で「視る眼」が育っており、改善を共有してきた経験はますます高まっていきます。それは他の企業や職場を視る眼にもつながり、どこからか良い情報を得たり現場に導入する意欲も高まっています。現場に根ざす知見と技術を掘り起こす意欲と力もついてきます。参加型改善では、低コストですぐできる改善を重視するため、積み重ねの改善にも前向きです。

職場の安全と健康についての改善は経営目標とも合致します。たとえば物の運搬に台車を導入すれば、腰痛リスクの低減と効率的な運搬の双方にいいのです。有害物質をより低毒性のものに切り替えれば、労働者の不安を取り除き労働意欲は高まり、この評価は企業の社会的価値・評価を高めます。職場の具体的な安全・健康リスク改善の情報は、地域社会に発信・交流され、良いネットワークが広まっていきます。

職場に根づくグッドプラクティス

「小規模職場での参加型改善」が重視するもう一つの点は、どの小規模職場にもお互いに働きやすくする良い実践が根づいていると認めることです。これは、小規模職場には利点があるとする見方と「対」になる見方です。この観点から、グループ討議では、まず自分たちの職場にある「良い点」を話し合います。自職場の「良い点」を二点か三点挙げてから、今度は「改善点」を二つか三つ挙げるように討議を続けます。この「良い点」を先に討議し、それから「改善点」を話し合う手順をとることで、職場の現状認識が進み、すぐ実施する改善策をお互いに見つけやすくなります。この「良い点」とは、参加型改善を国際交流するさいには「グッドプラクティス」として言い表わします。日常から「良い実践」として職場に定着しているとの見方です。

小規模職場ではどの業種でも、働く条件を根本から向上させていく経済的・技術的な対応が十分にはとれない制約があると言われてきました。こうした事情は、確かに業種や地域、そして個別の職場ごとに、さまざまに異なるものです。

一方、「グッドプラクティス」の例を見ていくと、もっと違う姿が見えてきます。どの例も、「日常の仕事をもっとやりやすくできるのではないか」という視線と工夫の先に浮かび上がってくる、多くの実践の中に組み込まれている点です。そうした細やかで広い視野に基づく良い実践が、実は気づけば私たちは日頃からやってきていたのだという発見の驚きと感動の中に見つかるのです。「あの人たちはこんな工夫をしていたのだ」と。

この意味の「グッドプラクティス」は仕事のしやすさ、作業場環境、情報共有などに広くまた

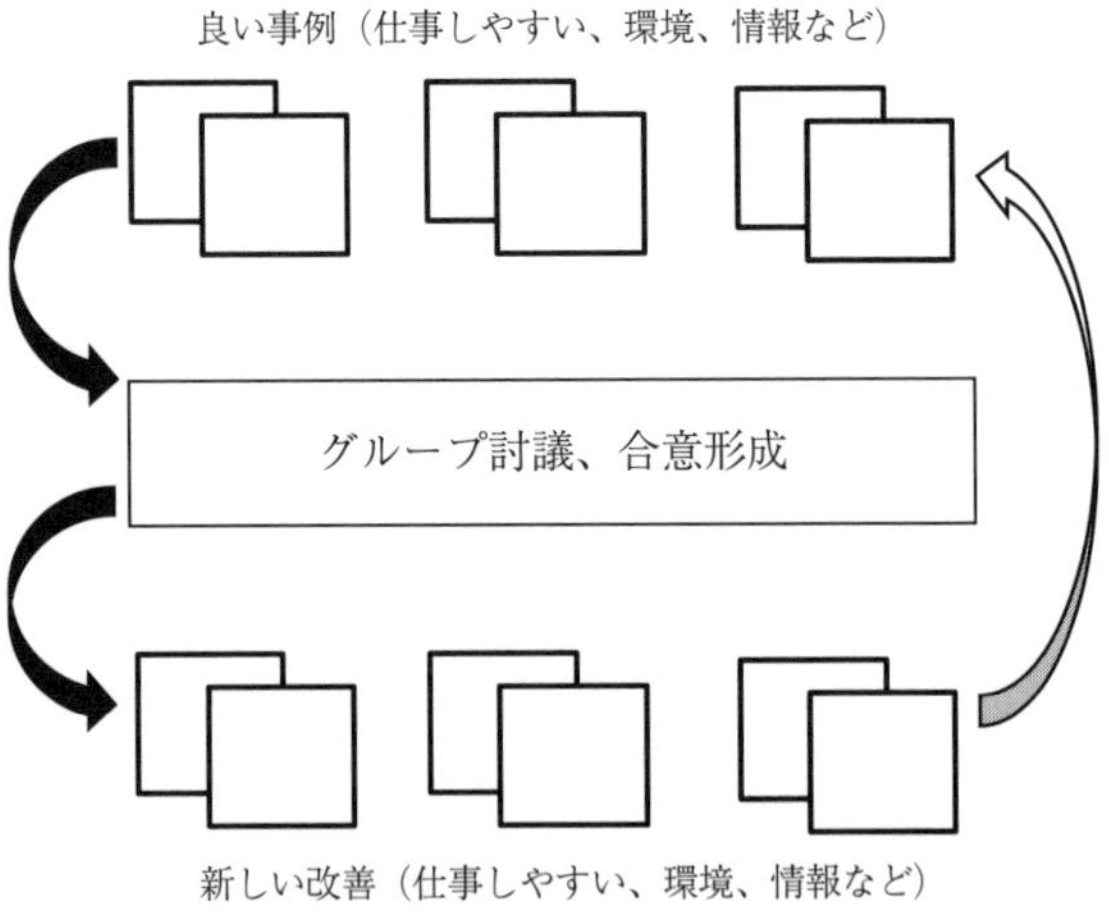

図３　現場の良い事例を基に新しい改善に進む効果

がるものです。「よい実践」の具体例に学ぶことは、自分の職場にも応用が利くはずです。参加型改善活動は、「グッドプラクティス」を軸とし、自分の職場や他の職場の進展に活用されながら広まっていきます。

　ワイズ方式の応用が各国で進むにつれて、多領域にわたるグッドプラクティス場面を事例写真やカラースライドとして提供することが定着していきました。この事例写真の共有が、その次の段階に当たるグループ討議に役立ちます。このグループ討議は、短時間で自分たちの職場の「良い点」三つ、「改善点」三つをまとめ、図3に示す、新しい改善に比較的容易に合意できるようになります。自分の職場や同種の職場にある良い事例を見直すことで、作業方法や環境、情報のやりとりなどについて現場条件ですぐ実施できる改善策に着目し、すぐに実施できる新しい改善を提案できるようになります。こうした状況を「フィードバック効果」と呼び、そうした提案の合意形成は比較的容易です。

こうしてグループ討議結果をもとに合意した改善策のなかですぐに実施された事例は、他職場や、自職場の次の段階の参加型活動の波及に役立ちます。小規模職場に広く共通するグッドプラクティスを対話の素材にすることで、対話がすぐの改善実施に直結していくことになります。それぞれの小規模職場で利用しやすい技術・方法を素材として認識し、対話でその具体的な知見を自職場の選択肢に流用していく工夫につながることになります。職場の仲間たちの主体的な参加の良い基礎になっていると分かります。現場条件でのグッドプラクティスを目標にすることにより、広域にわたるすぐの改善を目標にしやすくなり、それぞれの業種の現地の事情にあったアプローチとして受けとめられて、ワイズ方式を応用した参加型改善活動が普及してきたと認められます。

例示が役立つ低コスト改善

現場条件ですぐ役立つ改善策として、「低コスト改善」に力点がおかれているのは、この改善方式が国際技術協力の一つの柱として取り組まれてきたことが背景にあります。一九八〇―九〇年代以降に大きく進展した「労働の人間化」をテーマにした国際技術協力のなかで、特に小規模職場の改善に有効と認められた「低コスト」策が果たす役割が注目されたからです。

ワイズ方式をはじめとする参加型小規模職場改善では、参加者がこうした低コストの改善策に注目する機会は、常に二段階あるように準備されています。

まず、現場条件で実施可能な改善目標として参考にできる「低コスト策の具体例」が参加者に分かりやすいように提示されるのが、第一段階です。よく行われるのが、同じ業種の他の職場なり自分の職場ですでに達成されている低コスト改善事例を改善前後の写真、または改善後だけの写真として示すことです。写真で示すだけでなく、簡単な一行ほどの説明文で記述しておくこともできます。この第一段階では、仕事のしやすさから作業場の環境条件、さらに情報のやり取りから緊急時対策などまで含めた、多領域の低コスト事例を学べるようにしておきます。

第二の段階は、参加型改善のグループ討議のさいに、低コスト策に力点をおくステップです。改善提案の「アクションチェックリスト」に現場の条件に適いそうな実施可能な低コスト策を、各領域別に挙げておくことです。参加者各自がこうしたチェックリストをもとに職場条件を検討しておくので、どういう低コスト策に注意を向けるか、どの低コスト策を自分の職場に提案するかについてのグループ討議がやりやすくなります。グループ討議では、チェック項目が低コスト策中心であることから、話し合い結果も低コスト改善策中心でまとめられるようになります。

実際に提案される低コスト策の範囲は、業種の特性なり、その地域の条件によっても異なりますが、その多くは、たくさんの業種に共通する低コスト策が多く含まれることが知られています。というのは、業種が異なろうと、地域が同じでなくとも、行われる仕事の負担、環境条件やコミュニケーションのとり方には共通する手順が多いからです。先にも取り上げましたが、資材の保管、物の運搬、姿勢や作業台まわりの整え方、照明などの環境整備、休息場所のあり方、情報の伝え方など同じ要素を含むからです。こうした共通点から、どういう目的で実施するかに着目して、実際に役立つ改善策を考えます。低コストの改善策であればなおのこと、重宝される道具や考え方は、業種と地域を飛び越え、情報は飛び交い、伝わっていきます。

口絵1（巻頭の図）は、参加型改善が普及する初期、フィリピンでの低コスト策です。上段に示した縫製工場での改善例は、フィリピンのある工場地域で行われたワイズ方式トレーニングの成果報告会で、参加者たちが第一位に選んだ改善です。縫製作業で使う材料の生地が通路を挟んだ後ろ後方から来ていたのを（これでは通路を歩く人が足をひっかける恐れがあります）、真上におくことで安全でスムーズに生地が降りてくる方法に変えたのです。

中段と下段の例は、運搬、作業台、環境整備、福祉設備についての低コスト改善例です。上段の事例のように、改善前と改善後の写真を「ビフォー」と「アフター」の状況として示すこともよく行われますが、中段・下段のように改善後の写真だけを提示することも、よく行われます。低コスト対策が広い技術領域にわたっており、具体的な事例が多くあります。そうした事例を、参加型改善の進行順に合わせて活用することが、よい促進手段になって、参加型改善の成果をもたらしているのです。

現場に合わせた分かりやすい取り組みの長所

ここで、小規模職場で労使参加型の職場改善がなぜアジア各国で普及してきたのか、その事実から学ぶ点とは何か、改めて振り返っておきます。

経済的にも技術の利用の面でも制約が多いと思われた小規模職場ですが、小職場であるがゆえに、労使の直接対話によってすぐに実施可能な改善策を決められたことです。現場条件に合わせて改善策を提案する、シンプルで分かりやすい手順がまず挙げられます。現場に働く仲間たちが、すぐに可能なグッドプラクティスを目標に、短時間の話し合いで少数の結論にまとめやすくなっています。短い対話で必ず結果という果実が生まれる、しかも低コストによって。領域別に分かれ、グループ分けして行う少人数の討議を重ねていって、最後に全体の討議をまとめ、この長所が生かせます。

実は、こうした長所を生かすため、良い事例と「アクションチェックリスト」をあらかじめ準備するという、「推進役」の存在が効果的です。労使参加型の対話改善が進展してきた最初の段階では、推進役は経験のある産業保健職であったのですが、やがてそうした人からトレーニングを受け、何度かワークショップを体験した人のなかから推進役は育ってきたのです。労働者や管理監督者です。そのため、意識的に推進役を育てる努力もしました。これが、裾野を広げていくことにつながります。

職場の仲間を「推進役」としてトレーニングするときには、経験上、二時間から半日で行うこともあり、長くても一日から二日程度のワークショップを経験してもらうのがよいようです。「推進役」ないしはトレーナーを育てる短期研修が、ワイズ方式普及の背景にありました。詳しくは次章以降、ワイズ方式が他の業種に広がっていく記述のなかで改めて出てきますので、参照してください。

小規模職場の利点に基づき、対話手法の長所を活かすワイズ方式の活用にあたっては、ワイズ方式が提起された初期のころから、この手順活用の六原則としてまとめられた表5の諸点が大いに役立ちます。原則を組み合わせて職場討議を行うことで、参加者が互いに認め合う良い事例を参考に、職場の現状で実施できる改善策にすぐ合意できるようになります。この六原則は、参加型改善の特徴を示すよく考え方として、さまざまな研修の場で紹介し、また紹介されます。

六原則に従って、あまり時間をかけずに話し合いが進行することにより、短い期限内で行う改善策プランが立てやすくなっていると認められます。短時間でグループに分かれて討議する進行により、どの業種でも改善点を少数にまとめた改善プランに短時間で合意しやすくなっています。

・現地の慣行の上に築き上げる
・成果に焦点を合わせる
・労働条件と他の経営目標とを結合する
・実地学習を活用する
・経験交流を促す
・労働者の参加を促進する

表5　対話によるワイズ方式の六つの基本原則

もう一つ、この方式の参加型改善が、国や業種の壁を超えて普及してきた見逃せない要因として挙げられるのは、良い事例がどの職場にも見つかる事実が示すように、職場の仲間内に、程度の差はあれ、ときおりの対話を楽しむ言わばチーム意識が育っていく点です。そのチーム意識をもとに、職場内で共感されている良い実践に目を向け、広い視野ですぐできる改善を話し合う点が、ワイズ方式の応用が広範な業種に波及してきた要因になっていると認められます。

小規模職場の改善活動の普及にとってとても大事だと感じられたのが、職場における労働者参加を促進する方法と、労働者にどれほどの負担がかかっているかを見ながら職場環境の改善に臨む内容の吟味です。こうした両面を保ちながら改善活動を進めることが大切だと思えたのです。

次の章では、ワイズ方式として確立された参加型職場改善が、農業、建設業、廃棄物収集、さらに医療の現場へ広がっていくのを見ます。さらに次の章では、ストレス対策、職場の安全と健康面の複合リスク対策へと広がる経緯を見ます。そして、それが日本に逆輸入されていく様子も見ていきます。

第二章　農業や建設、廃棄物収集へ

中小職場で育まれた実践手順

アジアの中小製造業職場における参加型改善には、特徴的なアプローチがありました。まず地元の良好事例（グッドプラクティス）から学び、低コストですぐにできるシンプルな改善実践からスタート、アクションチェックリスト（改善策リスト）を用いた労使共同の職場点検、グループ討論による実際的な改善提案の作成という一連の手続きでした。

こうした労使の直接参加型の手順が、大規模職場よりも中小職場で実践される中で次第に確立してきたことは興味深い点です。理由はいろいろ考えられます。第一に多忙な中小事業主は生産、営業、人事労務など経営全般にかかる判断をしなければならず、手間のかかる準備を必要とせずすぐに生産性と安全健康対策向上の双方に成果を上げられる参加型アプローチが歓迎されたことです。第二にアクションチェックリストを用いて、当事者である労使が職場点検すれば、すぐに低コストで実施可能な改善提案が作成できるというシンプルな手順は望ましいものでした。このように特別な準備なしにすぐに始められるという簡便なアプローチが重要だと思われます。中小企業では大企業と違って専任の安全衛生担当者がいない場合も多く、その分、経営者・労働者の直接参加のアプローチが実際的で機能しやすいことも指摘されました。

こうした労使の直接参加型の取り組みは、ＩＬＯによる「国際労働基準」が定めている必要事項を先取りして実践しています。ＩＬＯ基準によれば、職場に働く人の安全と健康を改善する第一義的な義務は事業主・経営者にあります。各国の法制度でも同様です。労働者はその経営者の安全健康改善計画や活動に参加し協力することが重要です。一言でいえば、安全で健康的な職場づくりは、労使にその主体があるのです。

この当たり前のことが、言葉では理解されていても案外実践されていない場合があり、安全保健担当者や外部および内部の専門家に任せきりになってしまう場合があります。担当者の熱意や専門家の助言はもちろんきわめて大切です。しかし、実際の職場の詳細を最前線で日々経験している労使の直接参加による自主的なリスクアセスメントならば、さらに効果が上がることが期待できます。これこそが安全健康活動の要《かなめ》です。

農村地帯への波及力

まず中小製造業職場で広まった参加型改善は受け入れやすく、その後、アジア地域の中で農業、建設業、廃棄物収集、医療関連の職場など、多くの職種に広がっていきます。その姿を見ていきます。なかでも農業への広がりは、参加型アプローチが他の職種にも役立つという良い事例になりました。そして、その後に続くさまざまな職種への応用を進めるさきがけになります。

農村地帯の参加型アプローチの実践応用は、ベトナム南部のメコンデルタ地域で始まります。同地域の中心都市であるカント市周辺の農村地帯です。この地域は豊富なメコン川の水、広大なデルタ地帯とその肥沃な土壌を生かした米の大産地です。熱帯の気候に合わせて米の三期作も行われていました。しかし、三期作を行うということは逆に言えば、大変な労働負担を伴います。そこに普及したのは、良いきっかけがあったからです。

一九九〇年代から、労働科学研究所とカント市の労働衛生センターの間で農業労働改善の協力事業が始まりました。そのスタートから労働科学研究所の川上が参画できたのは幸いでした。最初は、労働衛生センターの所長だったベトナムの医師と川上がバンコクで行われた国際協力機構（ＪＩＣＡ）の短期研修で、労働改善に働く人たちの直接参加が大事なことを共通認識し合ったことでした。そこでの出会いがきっかけとなり協力事業はスタートします。

まずは、稲作労働の負担調査が実施されました。土壌の整備、田植えから、稲刈り、精米作業まで、現地の農業の実際を現場で詳細に観察して記録をとり、改善策が検討されました。こうした調査から浮かびあがってきたのは、当時の稲作作業がほとんど人力に依存しており、作業に従事する農民の負担がとても大きいことでした。多くの農民が暑さを避けるために夜明け前から水田に到着して作業を始めます。男女ともに深い腰曲げ前傾姿勢をとりながら、実った稲の根元を鎌で切ります。この作業をしばらく観察していると、腰の張りと痛みのために、いったん作業を中止して立ち尽くしてしまう人もいます。

同じ村にある精米工場へ行くと、二四時間操業しており、深夜に五〇キログラム以上もある米袋を男女作業者が人力で運んでいました。こうした過重な労働負担の例はほかにもたくさんありました。水田までの通路がリヤカーや荷車が通るには狭く危険なこと、炎天下での日中の作業、水田の中の蛭《ひる》による被害、危険な農薬散布、安全カバーのない脱穀機での作業、トイレがないため女性が排尿をがまんし膀胱炎を発症した例も見つかりました。作業の安全と健康上の課題が目につきました。

このような調査結果について、直接に現地の農家の人を対象に報告会を行いました。数ヵ月して同じ地域を訪問すると、いろいろな改善策がとられていました。例をあげると、水田までの通り道を広げ、丈夫な橋を設置、農薬の保管と散布方法の改善、脱穀機などの機械への安全カバー設置、休憩時間をもうけ、トイレや休憩場所を設けていたのです。現場の実作業を行う人が身をもって、苦労や課題の克服に乗り出されたのだなと実感できました。「自分のことを自分で分かることが、どれほど大切なことか」、改めて教えてもらったように思いました。この経験から、参加型改善が農業でも使えるという、確信に近いものが得られたのです。

これまでなら、まず作業調査を実施した専門家が「課題とは何か」を整理し見極める段階があって、次に当事者を集めて説明をし、納得を求め、さらに改善に取り組む手続きをとるなど、いろいろな時間とステップが必要なところです。ところが、参加型手法をとることができれば、途中のプロセスを省くことができます。要は、自らが体験し現場のことを知る人こそが、最もよく改善する立場にあることを信ずることができるかどうか、ではないでしょうか。現場に働く人が、手元にある材料をもとに自ら必要なリスク対策を向上させていくことができれば、はるかに迅速に改善に着手できます。

参加型改善を農村地域に普及させる際に推進役として大いに活躍したのが、参加型トレーニングを受けた農民ボランティアでした。改善写真とアクションチェックリストの応用方法について一、二日ほどの基本的なトレーニングを受けた農民ボランティアが、近隣の農民を呼び自宅の庭先などで二時間ぐらいかけてミニワークショップを数多く実施していきます。参加した農民はすぐに実行に移せる地元好事例を学び、自分の農場や家で数々の改善を実施していきます。そうした改善の結果を農民仲間のリーダーやトレーナーたちが集めて他の村々へも共有、こうして参加型改善の普及が地域へ広がっていったのです。

南ベトナムのメコン川流域の農家の軒先で行われた、ボランティア推進役を囲んで改善策の検討をする小ミーティングの様子を、図4の写真で示します。中央に座っている女性は、農家の働き手の一人として二日間のトレーナー研修を受け、隣家など近隣の農家の人びととチェックリストの記入結果を相談しているところです。チェックリストによって、すぐ自身の農家で行う改善策を各自が検討していきます。こうしたミーティングのあと、多くの農民が自身の農場や自宅内の農具置き場などでの改善を行うようになります。このミニワークショップ形式の改善の広め方

図４　南ベトナムの農家で行われたウインド方式によるミニワークショップ風景

が、ベトナムでは普及の要になりました。

　こうした農家での経験から、中小製造業職場ですでに実績のあった参加型改善を農業にも広く応用してみようという機運が盛り上がりました。これまでの調査経験に基づいて農家ですぐ使えるチェックリストを作成し、また地元にすでにある好事例を収集しそれらを基に改善ポイントが一目でわかるイラストを多数、作成しました。

　農業に応用するにあたってひとつ工夫したのは、労働の環境と生活の環境をセットで見て、同時改善を目指すという点でした。というのは、農機具や農薬の保管が自宅内であったり、家の中で農作物の加工をしたりするなど、農業の場合には家の中の生活環境と屋外の労働環境を切り離せず、同時に両方に目を向けることがよいと考えたからです。同時にジェンダー平等の視点も加わりました。女性が農作業における負担に加えて家事や育児も請け負っている場合が多かったので、男女が協力して家事も農作業も進めていくという視点が加わりました。

　こうして参加型のツールを整えて実際にトレーニングを実施しました。最初のトレーニングでは、ひとつの世帯から男女ひとりずつ参加してもらうことと、トレーニングの場所は男女農民が気軽に参加できるように、村の中にあるお寺の境内を借りて行いました。実はお寺で企画する前に、村から車で二〇分ほどの町の病院の会議室を借りて試みたことがありました。ところが、男女同数の参加を促したにもかかわらず、実際に参加できたのは男性ばかりでした。というのは、女性たちは家事に忙しく家を離れにくい上に、町まで行ってトレーニングに参加するのは恥ずかしいと言っていることが後でわかりました。そこで男女がともに参加しやすいように、皆が自宅からすぐに行けてなじみのある場所ということで、お寺での開催となり、各世帯から男女ひとりずつの参加が実現できたのです。この経験はその後も生かされて男女が共に参加しやすい場所、時間、仕組みづくりに目が向けられました。

さて実際のトレーニングの進め方は、中小企業職場の場合と同様です。すなわち午前中に水田と何軒かの農家を参加者みんなが実際に訪問して、チェックリストを用いてすでにある好事例と改善が必要な点を把握します。午後からはトレーナーが、そのプレゼンテーションの中で地元好事例写真や改善アクション例のイラストを多数提示しました。これによって参加者は、改善のための具体的なアイデアを得ることができます。そして小グループに分かれて、午前中に見てきた水田の作業と何軒かの農家の状況からすでにある好事例と改善が必要な点を話しあって、すぐ行いたい改善提案を作成し発表します。そして最後に参加農家が、自身の水田や畑、あるいは家の中で行う作業や家事でどういう改善をしたいかを話し合って、個々の農家ごとの改善提案を出し合いました。それぞれの農家で一つから三つぐらいまでの改善案を、参加者みんなの前で発表し合いました。このとき一世帯から男女ひとりずつの参加をお願いしたことが、男女の視点やそれぞれの意見が平等に反映できる利点があります。

その後の農村トレーニングでも、参加を希望する農民たちが実地に農家を訪問し、アクションチェックリストの演習をした後に低コスト改善策を複数の技術領域について学び、最後に自分の家の改善提案を報告し合うやり方をとるようにしました。このベトナム南部の農村で始まった取り組みは、ワイズ方式に合わせるかたちで、「ウインド（ＷＩＮＤ：Work Improvement in Neighbourhood Development）方式」と呼ばれるようになりました。

メコン川流域の中心都市の一つであるカント市の行政機関がトレーニング実施を支援するようになり、それを契機にベトナムの他の省にも広がっていきました。さらには国の労働安全衛生計画の一環にも取り入れられるようになりました。二〇〇四年から二〇〇五年にかけて報告された、ベトナム四県のウインド方式による農村地域での四千件ほどの改善の内訳を示すのが、図5のグラフです。

どの県でも、参加型手法による改善が多方面にわたる技術領域に、ほぼ同じように分布していました。特に多いのが、資材取り扱い（資材や農具の置き方、運搬のやり方）、作業場環境（生活の場所の改善、照明・換気、かまどなどの熱源、農薬などの有害物の置き方）でした。次に多いのが、ワークステーション（水田や畑などの仕事場での作業姿勢、作業台）、作業組織（チームワークや仲間との協同作業）、福利設備（トイレや飲み水と休憩場所など）でした。各種の機

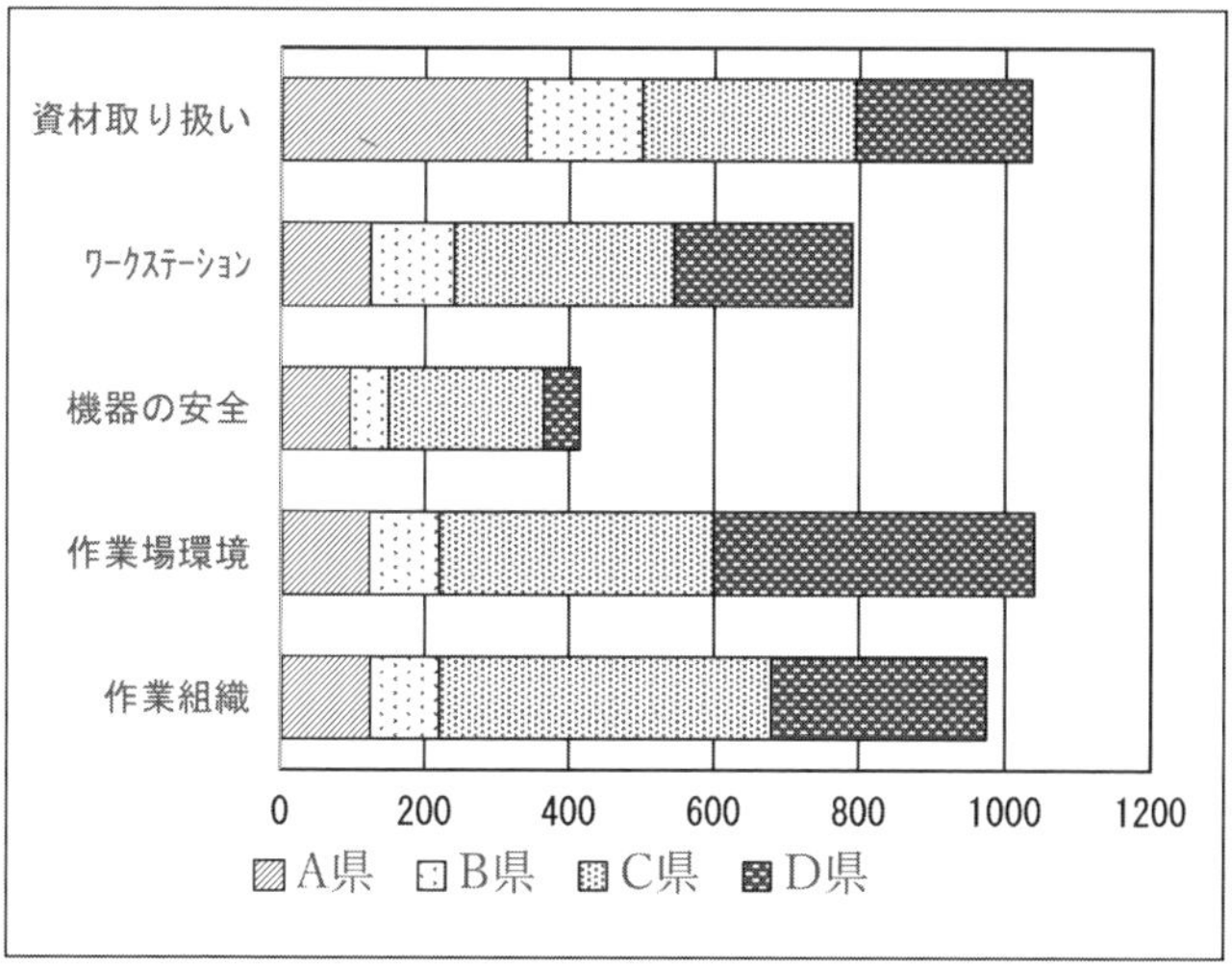

図5　ベトナムの4県で行われたウインド方式による農業労働改善件数の内訳（2004-2005年）

器の安全対策も改善対象に取り上げられました。

ベトナム各地で行われた農家の参加型トレーニングでよく使われた改善実例写真を**口絵2**に示します。作業方法や作業場環境、福利設備や農薬容器など、異なった技術領域ですぐできる低コスト改善に農民たちが取り組んだ様子が、よくうかがえます。

たとえば、台所のかまどの例はその典型例です。かまどは、伝統的に床にじかに置かれていて、しゃがみ姿勢でまきをくべて屈《かが》んで料理していたのが、肘の高さでかまどを使えるようにした例です。かまどに煙突をつける改善も並行して行われ、換気のための小窓もつけるようになり、農家の作業改善の良い例として普及しました。こうした低コスト改善は、良好事例として農民たちに示され、また改善策を検討する改善策リストにも組み込まれて、普及に用いられました。

地元の良い実践から学んですぐ改善していく方式が良い効果を生んで、農民の間に浸透していった状況が理解できます。ベトナムの場合、地域ごとの農民組合や農作業指導組織と行政機関がよく協力し合って支援する進め方が各地で広まり、ウインド方式は多数の改善策の実施へと結実したのです。

ベトナムに広がった農村の参加型改善の「風」は、その後、インド、タイ、カンボジア、ラオス、韓国などのさまざまな農作業改善へと広がっていきます。さらに、西アフリカのセネガル、中央アメリカのコスタリカ、中央アジアのキルギスタンなどの国ぐににも広がっていきました。日本国内でも、農業、林業に役立つ方法として、応用が始まっています。

ＩＬＯが国際人間工学会と共同で二〇一二年に出版した「農業における人間工学チェックポイント」は、こうしたウインドプログラムの経験が基になって作成され、その編集グループのまとめ役を川上は担いました。その後、開発途上国を中心にした国際的な普及を目指し、ＩＬＯは「ウインド方式グローバルマニュアル」を二〇一四年に刊行します。ベトナム各地における当初の普及活動から二〇年余り後のことです。

こうした進展は、ＷＩＮＤが「風」を意味することから、「ベトナムの農村から世界に風が吹いた」と言われるようになったのです。

小規模建設現場における取り組み

次の話題は、参加型改善が建設現場の領域に広がっていった話です。言うまでもなく建設業は、多くの国の労働災害統計を見ると、労働災害の多い業種として知られています。実際の建設現場を見ると、まず「高所作業」という製造業や他の職場にはあまりない危険な作業が避けて通れません。またさまざまな建設機械が使用されますから、電気の安全な使用が求められます。各種の建設機械類の安全な使用も、建設業における安全を徹底する上できわめて重要なポイントです。なかには、大型の機械もあります。

建設業における参加型アプローチの実践応用は、東南アジアにおける小規模な建設現場から二〇〇〇年前後に始まったのです。ここでいう小規模というのは、平屋かあるいは二、三階建てくらいまでの家屋や、小規模な店舗などを指します。鉄筋コンクリートの中層・高層の建設現場は大手の建設会社が請け負い、通常、安全に必要な配慮がされています。大手建設業の場合は、作業者はヘルメットや安全靴などを身につけなければ建設現場内に入場を許されないなどの基本的な手続きがとられています。しかし多くの東南アジアの小規模建設現場はヘルメットや安全靴などの基本装備もなく、サンダル履きで作業している作業者がむしろ多いくらいのところもありました。

小規模建設現場へ参加型アプローチで取り組む前に、タイ、ベトナム、ラオスで建設のための足場設置の調査をしました。多くの足場は木製で、接合部はロープで固定されていました。作業者の多くは地方の農村からの出稼ぎ労働者で、安全についてのトレーニングは全く受けたことがないとの返事でした。聞いてみると、友人の作業者が墜落事故にあったが、特に補償もなく役所や警察などに報告されることもなかったとの話も聞きました。そもそもこうした小規模建設現場の多くは、アジアの途上国では行政に届けられることなく行われています。

ＩＬＯではこのように政府に届けられず、したがって労働安全衛生分野を含めて、行政支援を受けられない職場を「インフォーマル経済職場」と呼んでいます。多くの小規模建設現場はその典型例だとわかりました。

建設現場の実情が少しわかったところで、小規模建設現場を対象に参加型トレーニングのツールづくりを始めます。まずはアクションチェックリストづくりからです。

既存の中小製造業職場のチェックリストを参考にして、物の運搬、作業姿勢、機械使用の安全、暑熱・粉塵を含む作業環境、福利厚生施設の整備などの項目を取り上げることにしました。その上で小規模建設場向けチェックリストにおいては、安全な足場の設置と点検、安全な梯子《はしご》、釘の踏み抜き事故予防、墜落防止柵の設置、安全帯の使用など、建設作業に特徴的な項目を付け加えました。同時に良好な事例を示すイラストを多数、作成したのです。

小規模建設現場でとりわけ難しかったのは、ある改善策を行った事例を取り上げても、ほかの面で明らかな問題点が残っている事例が多くあり、そうした現場写真が目標とすべき現場条件と認められるかどうか、条件を満たした良好事例としていいのか評価に迷うことがあったことでした。たとえば安全な足場であってもその背後に資材が乱雑に置かれていたり、あるいは丈夫な梯子が使用されていても肝心の作業者がヘルメットをしていなかったりといった例です。

建設現場で多様に働く人たちの安全・健康リスクが多面的で、一度に手を打つことが大変であることが改めて理解されました。そのため、低コストでシンプルにでき、それでいて多面的なリスクに目配りされている好事例イラストの作成には、とても注意が必要でした。

苦労したとは言え、こうしてできたツールを用いて、東南アジア諸国からさらに多くの国ぐにへ建設業の参加型職場改善の普及にとりかかりました。幸いにもＩＬＯの途上国向け技術協力活動に組み込まれたことが良かったのです。

この方式の開発に川上が直接に関わったことから、各国の現地トレーニングにＩＬＯチームが加わって支えるようになりました。アジア地域のいくつかの国で応用するさいに小木も参加しました。実際のトレーニングの進め方の手順は中小製造業や農業の場合と同様です。現場労使に参加してもらい、まず実際の建設現場を訪れてチェックリストで職場点検を行います。次にトレーナーが改善イラストや写真を提示し、改善のためのシンプルなポイントを紹介します。次に参加労使が小グループに分かれて改善提案を話し合います。

小規模製造職場に取り組むワイズ方式、農業に対するウインド方式に続き、小規模建設現場への活用に当たることから、「ウイスコン（ＷＩＳＣＯＮ:Work Improvement in Small CONstruction Sites）方式」と名づけられました。参加型労働改善に当たるＷＩを入れて、小規模建設現場に当たるスモール建設サイトのスモールの頭文字Sと建設を意味するCONを組み合わせた言い方で、各国の行政機関や労使にも受け入れられて、ウイスコン方式の言い方はその後、定着します。

これらの経験から改めて確認されたのは、現場で働く労使には豊富な職場改善のための経験があり、これらの参加型トレーニングに取り組むことによって実際の改善活動と労使協力の機会が得られることでした。特に印象的だったのは、建設現場の労働者たちが多くの具体的な提案を行ったことです。先に述べたように労働者の多くは地方の農村出身で建設現場の安全・健康対策について先にトレーニングを受けていたわけではないのですが、作業経験の体験者であることから現場ですぐに実施可能な改善策が生まれたのです。

タイやベトナムなどの東南アジア諸国の建設現場での取り組みに続き、ネパールやインドの南アジア諸国の建設現場でも参加型改善が実施されたのです。強い印象が残ったのはネパールでの体験で、女性労働者の活発な参加が目を引きました。自身が労働者でありながらその後建設会社を立ち上げた女性経営者は、女性労働者のニーズにも積極的でした。ウイスコン方式のアクションチェックリスト入りマニュアルは、こうしたアジアの経験を入れてＩＬＯにより何度か改訂され、川上編集による最新版は二〇二一年版となります。

建設現場のチェックリストによく用いられる改善事例のイラストの典型例を、図6にいくつか示します。これを見ると、ワイズ方式やウインド方式でも取り上げられたチェックリストとよく似た系譜のものがウイスコン方式でも取り上げられていることが、わかるのではないでしょうか。

建設業の場合は、取り上げる作業場面が多岐にわたり、また多様な屋外作業も含まれるので、改善事例を集めるには各国の行政担当者、現場労使、研究者からもよく意見を聞くプロセスが重要でした。それでもワイズ方式とウインド方式に共通した資材取り扱い、作業方法、作業場環境、作業編成や福利設備があり、これに追加して建設現場に特徴的な高所作業対策が加わっていると

図６　建設現場用ウイスコン方式のイラスト例

みなすことができます。こうしたイラストの選択には、小規模の建設現場によく当てはまるように、協力者や現場の意見をよく聞き選ばれるのが常でした。

このように広域に及ぶ作業改善策を示すイラストやその手法解説は、各国の建設現場に共通して認められる良好実践例をもとにまとめられ、低コスト改善策リストに当たる建設現場改善アクションチェックリストとして組み込まれます。現場で取り組みやすい、すぐに実施可能な改善策に力点をおくように構成されています。参加型改善手法が建設現場にも、同じように応用可能なことが実証されました。このイラスト例は、そうしたすぐにできる改善策の実効性をよく示しています。

改善に直接役立つこうしたツールを使って労使が対話することで、小規模建設現場での改善策を決定し現場に反映されます。どのように現場が変わったのでしょうか。思いつく特徴的な事例を順不同であげてみると、屋上作業における墜落防止柵の設置、釘の踏み抜き事故防止のために行う資材からの釘の抜き取り、乱雑に置かれていた資材の保管場所の整備、ロープを用いて現場の労働者たちが整備した安全帯の使用、重量物運搬のために手作りの台車の製造、ヘルメットや安全な靴の供与と使用の徹底、会社としての安全ポリシーの策定などでした。先に紹介したネパールの女性労働者向けには、小規模職場ごとの仮設トイレの設置が進みました。

ここに述べたように小規模建設現場においても参加型改善が機能し、具体的な労使協力による改善事例の実施にまで至ったことは、特筆される進展です。政府に登録されていない職場の、目に見えにくかった労働者と使用者による積極的な共同作業が成果に結実します。参加型改善では、労使たちの対話と作業経験を尊重、それがすぐの改善実施につながっていくのです。ウイスコン方式はその緒に着いたばかりで、いま世界の多くの国で裾野《すその》を広げているところです。

廃棄物収集の参加型改善

廃棄物収集（ごみ収集）作業者はどこの国においても、街を衛生的に保ち、また資源のリサイクルを進める上で要の役割を果たしています。一方で、廃棄物収集作業はさまざまな安全と健康に関わるリスクを伴います。

実は、労働科学研究所でも、一九八〇年頃、ある自治体からの依頼を受けて、ごみ収集作業における腰部負担の実態を実地調査したことがあります。また、産業医を派遣して定期的な職場巡視を長年にわたって実施してきました。

こうした経験からも分かることですが、どの国であっても廃棄物収集作業職場の安全・健康リスクは多岐にわたります。まず多いのは、腰痛などの筋骨格系の障害です。ごみの収集作業者には慢性の腰痛持ちの人が多く、また急性に腰を痛めて仕事にしばらく来られなかった人もいます。これらの基本的な原因にはさまざまな形や重さのごみ袋を毎日多数、集積所から収集トラックに手作業で積み込むことがあります。ひねりを伴う頻繁な腰曲げ姿勢に加えて、困るのは、ごみ袋の中身が見えにくいのに、その中身によって袋の重さがまちまちなことです。たまたま重いごみ袋にあたってしまうと急に腰に無理な力が加わり、腰を痛める原因となります。

最近では少なくなったかもしれませんが、廃棄物収集用の袋の中に危険物が入っていて、それで負傷することもあります。典型的にはガラスの破片や鋭い金属片、注射針などです。さらに危険な例では、金属ナトリウムの入った容器が捨てられていて発火し、消火しようとした作業員が水をかけたところ、小爆発を起こして作業員が負傷する事故もありました。また、カラスや猫に集積場が荒らされてしまって収集作業にとても時間がかかってしまう被害や、交通量の多い通りにある集積場での作業では、交通事故にあう危険も高まります。先に述べた労働科学研究所に依頼のあった自治体では、廃棄物収集作業における参加型改善の実践応用が徐々に進められ、アクションチェックリストの開発が進みました。

さらに国際的にも、こうした廃棄物収集作業における参加型改善の応用が進みました。最初のよい例は、南太平洋のフィジー諸島における取り組みです。砂糖産業と観光業で成り立つフィジーは海洋レジャーと島内のエコツアーで有名で、世界中から数多くの観光客が集まる場所であり、島にとってごみ収集の徹底は生命線です。ここではわが国の国際協力機構（JICA）の技術協力プロジェクトとして、「フィジー共和国における廃棄物の減量化とリサイクリング促進事業」が二〇〇八年十月より立ち上がったのです。二〇一二年三月まで三年半にわたって行われました。廃棄物収集システム強化とリサイクル推進に関して日本のハード及びソフトの技術移転が進み、成果を上げていきました。その中で缶やビンなどの分別収集を進めるために地域住民が自主組織を作り、分別実施を進めていました。

そうした中で、実際のリサイクル推進の重要な担い手の一角である収集事業者および作業員の安全・健康対策の改善が重要ではないかという機運が盛り上がりました。収集作業者の安全や健康対策が改善されれば、より効率的で持続可能な収集システムにもつながります。環境への関心が高まるのもいいことですが、地道な作業に現場で関わっている働く人びとの安全と健康が同時に改善されていくことはとても大切です。そこで、参加型改善を応用しようという機会が訪れました。

参加型改善では、現場ですでに実践されているグッドプラクティスから学ぶことが、アクションチェックリストなどの改善提案ツールを作成する上で必須になります。そこで実際の収集作業トラックの後に一日中後ろからついていき、作業の実際や廃棄物集積場および住民のごみの出し方を見学しました。

実際の作業観察から理解された課題は、次のような点でした。多数のごみの袋を収集トラックに積み込むために前傾姿勢を頻繁にとらなくてはいけないこと、ごみ袋の大きさが統一されていないこと、集積場は地区ごとではなくて各家の前にあることが多く、その分いちいち止まらなければならず作業の負担が大きいことです。缶やびんなどの分別収集が始まっていたが住民に徹底されておらず、作業員がごみ袋から缶やびんを取り出して入れ替えるなどの手間が必要で、負担が大きかったのです。割れたガラス瓶などの危険があります。また、多くの家で泥棒よけに犬が放し飼いにされており、家から廃棄物の集積場所にも出てくるので作業員がかみつかれる危険がありました。また作業員は一日に廃棄物の処理施設との間を三、四回往復していましたが、その間、昼食休憩もとらずに午後まで継続して作業をしていました。

いろいろな課題がありましたが、一方で地域住民が率先して集積場を掃除したり、収集しやすいように高さをあげた集積台を設けたりといった、グッドプラクティスもたくさん見つかりました。いずれにしてもさらなる改善には、廃棄物を出す地域住民の理解と協力が必要であることは明らかでした。そこで先に述べたリサイクルを推進している住民グループを訪問して実情を説明し、分別収集の徹底や一般ごみの出し方について、また集積場の管理などについても意見交換をしました。

その上で参加型トレーニングを企画し、アクションチェックリストや地元好事例写真、グッドプラクティスを示したイラストを取り入れた使いやすいツールの整備を進めました。アクションチェックリストの項目で工夫が必要であったのは、住民協力に関する項目を加えて、住民と作業者が一緒に改善を進めるアプローチをとることでした。そのために、ごみの減量、分別の徹底、危険物の混入防止、集積場の清掃と管理、犬を家の外に出さない、ごみの入れ物に取っ手や蓋《ふた》をつけるなどして持ちやすくするなど、住民自身に実施してもらうことを示唆する項目が加わりました。

この廃棄物収集作業の参加型改善方式は、ワイズ方式の応用として、すぐ現場で活用されました。これまでの参加型トレーニングでは労働者と使用者が中心の参加者である場合が多いのですが、今回の廃棄物収集改善トレーニングでは、労使の代表に加えて住民および行政の代表が加わったかたちでトレーニングが進みました。改善策リストであるアクションチェックリストも現場ですぐにも使える容器や対策、安全で健康に働けるように考慮して収集作業者がチームワークでもって共同で作業する提案を取り入れました。重いゴミ容器も複数で持てば重さは半減しますし、運転手や周りに危険がないか見る人など、作業員は安全のためのチームワークがいかに大切か実感していたのです。作業員が健康で働くための研修も提案しました。具体的で実効性のある改善策も重視し、その効用も確かめることができました。

アクションチェックリストに取り入れられたイラスト例を、参考までに図7に示します。このイラストからも、参加型改善がいくつかの領域を取り上げ、すぐに実施可能で分かりやすい改善策に力点をおいていることが分かります。

実際のトレーニングのプログラムでは、まず参加者全員で実際の地域の集積場のある収集現場を訪れて同時に作業を見て、アクションチェックリストを用いた点検を実施しました。その後でトレーニング会場へもどり、「安全な廃棄物の扱いと住民協力」「廃棄物収集トラックの安全」「作業環境と個人保護具の使用」「福利設備と作業編成」の四つのセッションが行われました。

それぞれのセッションにおいては、冒頭にトレーナーが改善写真やイラストを示した後、参加した労働者・経営者・住民・行政代表者の間で小グループ討論が行われ、共同で改善提案が作成

図7　廃棄物収集作業、参加型改善用のイラスト例

されました。改善提案は、集積場の整頓と清潔、作業しやすい高さへの改善、ごみ容器への危険物混入の禁止、分別収集の徹底、休憩時間、集積場付近への一般車の駐車禁止など、具体的で住民協力によって実施可能なものでした。

　トレーニングの後に早速、住民リサイクル推進ネットワークの力でこうした改善実施が始まりました。また、廃棄物収集会社の経営者はオレンジ色のユニフォームを新調して労働者に配布しました。実は環境やリサイクル推進への意識の高まりがある中で、廃棄物作業を実際に担う経営者と労働者の社会貢献にも、これでさらに光があたりました。その後、廃棄物収集作業改善の参加型トレーニングはフィジーから、その他の南太平洋諸国へ、さらにはスリランカなどにも広がり、一般環境と作業環境の共同改善を目指したユニークで実践的な取り組みとして注目されてきました。

最近では、インドやナイジェリアなどにおける電子廃棄物収集・処理作業への参加型改善の応用が試みられています。

新型ウイルス感染症対策への応用

参加型アプローチの手法は職場や学校、施設における感染症対策にも活用されてきました。二〇〇九年四月にメキシコで確認された後、世界的に流行する豚インフルエンザ由来の新型インフルエンザ（A／H1N1）が脅威となったときです。WHO（世界保健機関）が四月二十八日に新型インフルエンザの発生を宣言する「フェーズ4」を発表、四月三十日に「フェーズ5」と警戒レベルを引き上げ、六月十二日にはパンデミック（世界的流行）の発生を宣言する「フェーズ6」を発表します。

このとき職場内での新型インフルエンザ感染予防のために、「作業者間、作業台間の距離を2メートル以上開ける」「通路や階段をできるだけ一方通行にする」「テレワーク体制の整備」「手洗いを徹底する」「症状のある作業者は自宅待機する」など具体的な対策を上げ、イラストを使って「どうすべきか」示しました。すなわち、アクションチェックリストの作成です。参加型改善方式を活用したＩＬＯによる二〇〇九年版「新型インフルエンザ対策アクションチェックリスト」のイラスト例を図８に示します。

イラストは、それまでの参加型職場改善活動の経験から学んで、現場の労働者たちがすぐ自主的に応用できるアクションが良好事例を参考に示すようにしました。アクションチェックリストを載せたマニュアルとして刊行したので、個々のアクションごとに解説する研修用マニュアルとして利用され、各国語にも訳されました。

アクションチェックリストは、当時の新型感染症予防対策のツールとして、アジア各国でも活用が図られました。アジア諸国では、職場環境の改善方策としてワイズ方式などを活用した改善トレーニングが広まりつつあり、そのため感染症予防のためのアクションチェックリストの利用もよく普及しました。

これらのツールを用いて大企業・中小企業を問わず職場で参加型トレーニングが実施されました。職場の感染症対策で重要なのは「どうすべきか」を労使主体で考え、実施に移していくことにあります。たとえば、どういったところに作業者が互いに十分な距離をおけずに密集してしまう作業や時間帯があるかは、実際に現場にいる労働者と経営者どうしがブレーンストーミングをしていろいろな場面を思い起こし実際に見てみなければ、洗い出せません。これこそが本来のリスクアセスメントだと認められますが、アクションチェックリストの使用がそのよい導入に役立ちました。

単に政府の示したガイドラインを受身で聞くだけでは、こうした攻めの対策づくりにはつながりません。労使が直接参加して現場に根ざして自身でリスクアセスメントを実施することで、対策実施の主体、つまりオーナーシップが自分たち自身にあるという意識が広がり、次々と具体的な対策づくりが進みました。

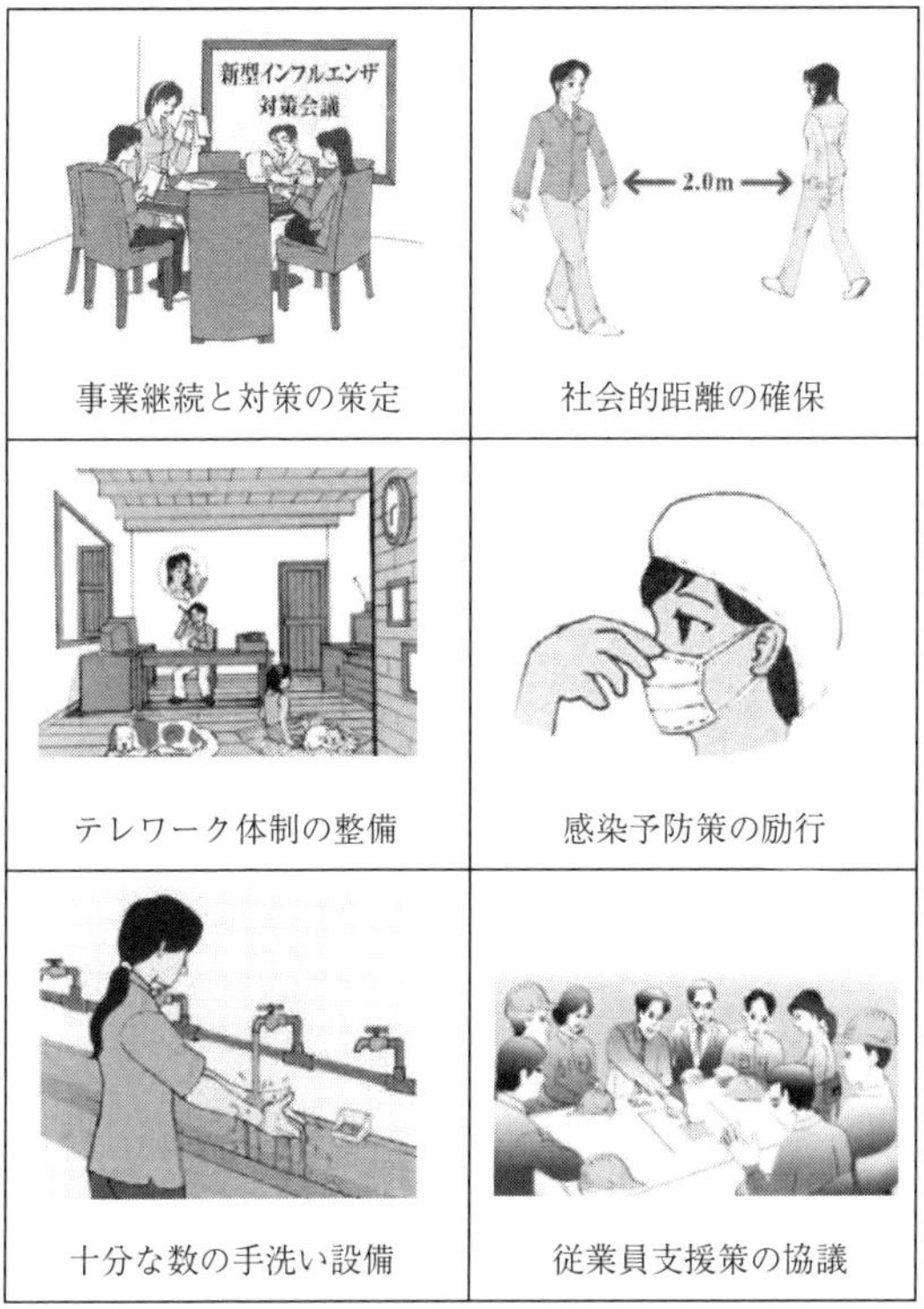

図８　新型感染症予防用イラスト例（2009年版）

二〇〇九年当時は、農業分野でも鳥インフルエンザ（H1N5）の蔓延防止が喫緊《きっきん》の課題となっていました。そこでも同じグッドプラクティスアプローチ、アクションチェックリストによる自主的な職場・作業点検、そして実際の農業従事者どうしのグループ討論を通した改善提案づくりとその実施が進みました。

先に述べたＩＬＯ作成の「新型インフルエンザ対策アクションチェックリスト」はすぐに日本語にも翻訳され、当時、国内で広く活用されました。このチェックリストは、二〇二〇年に同じく「パンデミック」が宣言された新型コロナウイルス（ＣＯＶＩＤ-19）の脅威のときにも、改めて注目され、職場における感染症予防対策に役立ちました。

アジアからの発信

アジアの国ぐにで、中小製造業職場で育まれた参加型アプローチが、農業、建設業、廃棄物収集、感染症対策などに応用され広がりを見せてきたことを紹介しました。これらの多くのイニシアティブが、主にアジアの現場から生み出されてきたことは興味深いことです。そうした経験の多くがやがて日本や世界の職場でも次第に広まっていきます。

共通しているのは、どこの職場の労使にもすでに良好事例や職場改善努力があり、そこを適切にサポートできれば、その改善イニシアティブによる活動が格段に進むという点です。そのためのツールあるいは手法として、アクションチェックリストを用いた共同職場リスクアセスメント、良好事例写真とイラスト、労使自身による直接のグループ討論の組み合わせが常に良い効果に結びつきました。それまでは言わば「何をすべきか」といった問題指摘で足踏みすることがよくあった技術協力あるいは職場支援努力が、どこの職場にあっても労使自身による「何ができるか」といった実際例として一歩一歩結実していくようになったとみることができます。職場の安全・健康対策における多くの改善が労使の直接参加によって低コストで開始できること、面倒な手続きが不要であって、シンプルな改善から始めてすぐの成果を確認し合えること、そして働く人びとの安全と健康改善がビジネスとしての生産性や職場力向上にシンプルな手順でつながることを、多くの企業や職場が経験してきました。

アジアではさらに、参加型改善は病院や施設、家内労働にも広がり、電子廃棄物処理にも対応していくようになっていきます。

次章では、参加型改善がさらに幅広く安全・健康面を取り上げての安全保健対策へ、ストレス対策へ、複合的リスク予防へと広がっていく様子を見ていきます。

第三章　ストレス対策、複合リスク予防へ

大きな事故の影で

参加型の職場環境改善であるワイズ方式がアジア地域で広がり始めた一九八〇年代は、働く人たちの多様な職場における安全と健康にとって新しい動きが国際的にも国内的にも浸透し始めた時代でした。どの職場、地域にあっても、それぞれに社会参加している労働者、住民が安全で健康な日々の生活を営んでいく際のさまざまなリスク予防にしっかりした目線と日常努力で協力し合うことがとても大切なことが知られ、定着していく時期です。

職場でいえば災害と職業性疾病の予防の体制をとる動き、地域で言えば災害防止と健康的な生活環境の確保には、公正な法規制と幅広い日常の協力が欠かせないことはよく知られていたのですが、ともすると、法規や基準でとるべき対策を規制することで、安全・健康の水準が保たれるとしてしまいがちです。そうした措置基準はぜひ必要ですが、危害の可能性がある条件に直面する現場の人びとが積極的に安全健康リスク予防に現場、現地の条件に見合ってその場、その場で日常的に相互協力することが基本となっていなければなりません。つまり、法規制の整備と並ん

で、現場、現地で対応すべきリスクを認め合い協力して対応する努力を支えることが基本となるべきことに、社会の目が注がれていくようになっていきました。こうした方針転換の時流に支えられて、参加型改善が業種や地域の差を超えて広がってきているとみることができます。

産業技術の進歩とその多くの地域への移転に伴って、当時相次いでいた工場内の大事故やその防止体制の不備による公害の予防に、既存の法規制中心の捉え方では不十分なことが認識されるようになったことが、そうした基本的な方針の転換を促してきたのです。この方針転換が必要との認識は、当時、大きな国際的な流れとなっていました。それぞれの現場の条件に合わせた危害予防措置は、その技術を扱い生かす立場にある現地の自主努力に支えられているのですから、法規制を整えたり基準を示したりするだけでなく、そうした自主努力、現場ごとのイニシアティブを支えていくことが基本となるべきだという認識です。一九八〇年代ごろに向けて、産業の発展と技術移転、現場対策の進展に合わせて、安全・健康対策の取り上げ方が現場ごとの自主努力重視に大きく動いてきたことが、参加型改善活動の普及の背景にあることを、ぜひ指摘しておきたいと思います。

そうしたことになる以前の労働現場における安全と健康のリスクに関わる歴史を、ここで簡単に振り返っておきましょう。

第一次世界大戦後の一九一九年に、労働社会問題の国際専門機関としてＩＬＯ（国際労働機関）が設立され、「労働における安全と健康へのリスクから労働者を保護する」必要性が認識されていました。設立当初から、工業における労働時間、母性保護、女性の夜業と年少者の最低年齢・夜間労働に対処する条約や勧告、鉛中毒勧告など有害環境規制を進める国際基準を採択しました。翌一九二〇年には労働衛生課と労働安全課を設立、科学者、労働衛生専門家、産業医などの協力を仰ぎながら有害環境対策の国際協力に取り組んでいきました。その後の動きとして第二次大戦後にかけて、有害物、粉じん、放射線、大型機械による危険などに対処する国際基準が相次いで採択されていきました。

第二次世界大戦後の一九四八年、国際連合とその専門機関としてのWHO（世界保健機関）が設立されます。一九五〇年にILOとWHOは合同の労働安全委員会を立ち上げ、労働安全衛生の厳密に医学的な面はWHOに任せ、ILOは予防的な面を取り扱うようになります。ILOは、一九四四年に国際機関としての目的を「フィラデルフィア宣言」として採択し、その根本原則は「労働は商品ではない」「表現及び結社の自由」「一部の貧困は全体の繁栄にとって危険である」「すべての職業における労働者の生命および健康の充分な保護」などを達成するとします。この宣言は、一九四六年改正の「ILO憲章」に組み込んでいます。

国際機関としてのILOのユニークな特徴は、加盟国の使用者団体の代表、労働者団体の代表、政府の代表の三者で構成されることです。各国の政労使三者の代表が同じ資格で参加し、それぞれ投票権を持ちます。ILO総会で採択された条約について、加盟国は国内法との比較や批准の検討を行います。ちなみに、日本が批准していないILO条約も結構あります。一方、ILOからの勧告やガイドラインなどは、批准した条約のような拘束力はありませんが、それぞれの国内事情に沿っての指針を提供することになります。

第二次大戦後は、世界各地の多くの植民地の解放に加え、「資本主義国対社会主義国」の対立が加わり、国際関係は未曾有の複雑さを増していきます。化学工業をはじめとする新しい産業が発達し、世界をまたがるグローバルな貿易が進み、経済と政治が深くかかわる大きな変動の中に置かれていくのです。それに合わせて、先進国から安い人件費を求めて多くの途上国への資本進出と工場新設が進み、先進国と途上国の経済格差が大きな問題となっていきました。

その一方、産業現場の労働条件向上についての国際協力は、新しい政治・経済関係の動きや国際貿易の進展に合わせて進められました。仕事の中身も機械化・自動化に伴って大きく変わり、労働者の安全と健康、福祉の法規制も進展します。安全で健康的な職場の設計や工程を考える安全工学・衛生工学・人間工学などが推進され、職場の有害環境の影響を検討する調査や疫学の成果に注目が集まります。労働条件、労働環境についての研究機関が各国で作られました。一九四八年にくらべ一九七〇年にはＩＬＯ加盟国が二倍となり、途上国への技術援助プログラムが導入されるようになりました。

それに合わせて、多くの国で、仕事における負傷や障害に対し、労使の話し合いや労働災害補償の枠組みで解決できなければ、その補償をめぐって裁判で争われる時代になります。労働者の安全と健康、福祉への社会の関心が一段と強くなった時代です。また、公害を起こすおそれもある環境リスクの事前の捉え方、必要な予防措置の社会的責任が厳しく問われました。

この転換は、国際的にも、国内でも、職場の伝統的によく知られた災害や健康障害に加えて、産業発展に伴う新しい形の災害や健康障害が多発するようになり、それらの予防に従来とは違った、綿密なリスク予知と技術進歩に合わせた対策が必要だと知られてきたからでした。自動装置の監視業務の連携ミスや、反復操作に伴う頸肩腕障害や腰痛などの筋骨格系障害、有害物質の従来とは異なる慢性影響、変化が速い異常情報への対処の誤りなどが注目されていました。こうした現場即応型のリスク予知には、現場ごとの注意深い見方と連携プレーが必要であり、リスク予知についても予防措置についても、その現場ごとの危害予知の体制と自主的な取り組みが大切になっていきました。

こうした時代背景のもとで、職場の安全と健康リスクの捉え方も、変革期を迎えます。とりわけ、産業活動に伴う有害環境リスクに対して必要な予防措置を現場ごとに積極的に取り上げていくリスクマネジメントのあり方の見直しが国際的に進みました。一九七〇年代、八〇年代以降に、多様な職場環境に働く人びとの安全と健康を確保する取り組み方は、多くの国で転機を迎えていました。職場環境リスクの捉え方が、大きく転換した時期でした。職場環境リスクの多様性とその深刻な影響に対して、個別の既知のリスク別に法規に定められた対策を取る法規準拠型の措置から、現場の条件に合わせて自主的な予防措置を現場協議をもとに実施していく方向へと動き出したのです。

工場災害が周辺の広い環境に大きな影響を同時にもたらす重大災害や、その予防体制の不備による環境公害が、いくつもの国で相次いで起こったのも、この時代です。既存の法規制中心の捉え方では不十分なことが認識されるようになったことが、そうした基本的な捉え方の転換を国際的に促してきたとみることができます。

一九七六年にイタリア北部のミラノ郊外セベソにある化学工場で、毒性の強いダイオキシン類が周辺の広い地域を汚染しました。住民はなにも知らされず、患者は病院に殺到したのですが、治療法が分からないまま、後にがん、慢性皮膚炎、神経障害などの後遺症、流産や先天異常をもった赤ちゃんができるなどの被害は、二二万人以上に及びました。安全装置の不備が認められ、行政当局にダイオキシンの存在が報告されたのは、発生から十日後のことでした。

一九八四年には、インド中部マディヤプラデシュ州の州都ボパールが毒性のガスに襲われ、死者は少ない報告でも二〇〇〇人以上に及び、負傷者二〇～三〇万人という大惨事となりました。猛毒のガスはイソシアン酸メチルで、米国の大手化学企業ユニオンカーバイトの子会社がこの物質を使って農薬を作っていました。貯蔵タンクに水が混入、異常反応で圧力上昇し、安全装置が作動せず、放出ガスが風にのって南東の市街地に拡散し、眠っていた人びとを襲ったのでした。

国内で相次いで発生した、工場からの放出物や流出物による「四大公害病」は、やはり予防体制の不備が原因でした。汚染物質によって海が汚染されていることを知らされないまま、熊本の水俣湾の魚や貝を食べていた漁民や住民に手足のしびれ、麻痺、けいれんなどの重篤な神経症状が出現して、多数の死者と重い後遺症を持つ患者が現れました。チッソの水俣工場の廃液に含まれたメチル水銀が魚や貝に蓄積して，それを長い間食べていたのが原因と判明しました。会社は長い間これを否認し、その間に被害が広がりました。これが水俣病です。

同じような症状の患者が、新潟の阿賀野川流域でも認められました。新潟水俣病です。神岡鉱山の廃液に含まれるカドミウムが富山の神通川を汚染し、川の水を含む米を食べ、そうした水を飲んでいた人たちが手足に激しい痛みを伴うため「イタイ、イタイ」と叫ぶ、そのような患者を診ていた医師が報告して新聞紙面に報告されたのが、イタイイタイ病でした。四日市の石油化学工場から出る煤煙に含まれる硫黄酸化物によって、地元の人びとが喘息、気管支炎、肝障害を起こしたのが四日市ぜんそくです。

こうした公害病は、それぞれ原因がわかるまでは「奇病」扱いされ、周囲からは白い目で見られたのでした。時間がかかってじわっと効いてくる慢性被害がこれらに共通します。この場合、そうしたメカニズムの解明に努力した医師や研究者、ジャーナリストたちがいて、住民たちが提訴して問題が表面化します。この公害病が続いた時期は一九六〇年代から七〇年代のことです。これら公害病と重大災害は、予防措置の不備によるものであり、防止のために協力する体制、予知に基づく措置をとる現場の積極性がとても大切なことを教えています。

そのようなとき、すでに一九七二年に英国政府の雇用省に提出された「労働における安全と健康」（後に「ローベンス報告」といわれる）と題した文書が国際的に注目されます。ローベンス卿を委員長とする七名からなる委員会が二年間の調査の末、出された報告書です。その一節には次のような文面があります。「労働災害、職業性疾病への対応の第一義的責任は、危険を作り出している人びと（事業者）にある。さらに、従来の制度は国家規制に依存しすぎており、事業者の責任や自主性、自発的努力は軽んじられており、この不均衡は是正されるべきである……」。この指摘は、まさに衝撃的でした。

「ローベンス報告」の提言の要点を要約すると、①労働安全衛生問題を所管する行政組織が多くの機関に細分化し、ある事業所が複数の監督機関の多数の法規に縛られる一方で、どこの法規や監督機関からも適用外となる事業所・労働者がいる、②膨大で細分化された関係法令群が独特な言葉使いとスタイルで書かれ、適用対象となる事業所のマネージャーが読んでもどこの法律が該当するのかよく理解できない、明らかに当事者を遠ざけている、③法律・規則に準拠し過ぎて、事業者の責任や自主性、自発的な取り組みが軽視される実態、④機械の安全装置や採光や換気などの物理的要因に重点が置かれ、人的・組織的な要因などが十分には考慮されず、技術革新への速やかな対応ができるシステムになっていないの諸点でした。

この文書は、これまでの「法規準拠」方式に頼る労働安全衛生分野の進め方を「職場の自主対応」を基盤とする方針へと大転換するきっかけとなったのです。「職場の自主対応」の指針はやがて、ヨーロッパをはじめアジア、中南米、アフリカに広く受け入れられていきます。この波及効果は大きく、次節で改めて紹介しましょう。

また、当時各国で相次いで起こった工場災害が周辺の広い環境と住民に大きな被害をもたらす一連の重大災害は、国際的に大きな関心を呼び、現場の担い手である政労使による日常の取り組みの意義の再確認へと向かいます。リスクを抱える職場内の日常の自主的な予防体制と点検を重視する国際的な新しい動きとが同時進行したことが注目されます。

「ローベンス報告」の波及

職場環境への取り組みの転換を呼びかけた、先の「ローベンス報告」の「職場の自主対応」を基盤とするという考えは、英国では一九七四年に「労働安全衛生法」を制定することで、その方向性を早速、かたちにします。まず「序文」でもってこの法律の目的を以下のように言います。①職場で働いている人びとの健康と安全、および福祉を確保する、②就労中の活動に伴う危険に対して、職場以外の人びとの安全衛生を防護する、③爆発物、高可燃物等の危険物の保有と使用を規制し、かつ非合法にこれらの物質を保有・使用することを防止する、④働いている建物・施設（家屋・店舗）からの、有毒または不快な物質の大気への排出を管理する、つまり、包括的責任体制の確立です。

序文の後半では、「安全衛生規則および農業安全衛生規則の作成」について述べた後に、「就労中の活動に伴う危険については、……企業の活動の様態、機械設備または物質、そのために用いられる施設あるいはその一部に起因する危険を含む」と書いています。

また「事業主及び自営業者の一般的な義務」と題した条文では「事業主は、合理的で実施可能な範囲で、働いているすべての従業員の健康と安全、福祉を保証する義務を負うものとする」とあります。

ここで重要なのが、先の②で見たように、働いている人たちへの危険からの保護を述べているだけではなく、職場の外に眼を配っていることがわかります。それは後の条文を読んでいくと明らかとなるのですが、働いている職場で使用する機械や物品・物質などの製造者、設計者、納品・輸入者なども含み、近隣の住民や来訪者も含まれるのです。すなわち、「安全衛生保護の適用範囲を、就労者のみならず生産活動によって影響を受ける一般公衆にまで広げる」と宣言するに等しいのです。これは、工場の労働災害が工場の敷地外に及ぶ、それも保護と責任の両面で及ぶことを認めた画期的な法律です。

ちなみに仕事で使う物品の供給業者に対する責務としては、納品した物品を適切に使用した場合、安全であり健康への危険がないものにせよ、もし危険を見つけたならば、危険除去に必要な情報を与えるか、あるいは危険を最低限に抑えるために必要な研究を実行するか、実行のための手配をせよ、等と述べています。

続いて重要な点は、同じく②で「就労中の活動」と述べることで、この法律が工場や企業等の特定の危険な業種に向けられたものではなく、「すべての雇用」に適用されるとしたことです。まず農業とありますが、後の条文で農業と漁業・食料関連とあり、「農業」には園芸、果樹栽培、種子栽培、酪農、牧畜・畜産、林業、養殖業などを含むとされています。原子炉・原子力の施設について特に言及した条文もあります。

④の「建物・施設」に当たる表現には多様な意味があるため、「家屋・店舗」という訳語を意訳として追加しておきました。というのも、その後にくる説明のなかの「企業の活動の様態」という表現がとても重要で、ほかの業種への適用を述べていて、「機械設備あるいは物質および施設」にある危険要因も「許さない」という決意が垣間《かいま》見えるからです。これまで保護の対象外であった自営業者、さらには教育や医療関連やレジャー産業などの事業主と従業員までを安全衛生確保のための「義務と責任」があるとし、従業員には事業者の安全衛生計画および活動への協力の義務があるとしたのです。確かに、被害を受ける「一般公衆」を考えた場合に、必ずしも工場の煙突や爆発からではなく、ほかの施設や建物に加え、商店で売っている菓子や製品などや、食堂やレストランで提供される食事も考えられるわけですが、こうしたことを「想起」させる時代の背景があったといってよいでしょう。

これらを所管する機関として、環境省安全衛生庁と安全衛生委員会に一本化し、それまで各省庁に分かれてあった工場監督官（雇用省）、鉱山監督官（通産省）、採石監督官（通産省）、原子力施設監督官（通産省）、爆発監督官（内務省）、産業公害監督官（環境省）の多くは統合されたようです。この委員会には「調査及び審査の指示を出す権限」があり、審査を開催する人物、及びこれを補佐する人物に「立ち入りと検査の権限を委譲」できるとします。また、「監督官の任命」と題する条文では、「庁」と委員会は適切な資格を得た人を「監督官」に任命でき、監督官は「立ち入るべき理由があるとした施設に立ち入る、ないしは重大な支障があると懸念すべき妥当な理由があるときには警官を付き添わせる権限」があるとします。

注目されるのは、「労働安全衛生法」では基本的なことだけを述べ、規則・実施準則は別個に定めると述べながら、本文では「合理的で実施可能な範囲で」という表現が頻発して使われます。論理的に解釈すれば、技術革新や危険な変化に対しては、（事業主とすべての従業員が）迅速かつ柔軟に「自主的に対応する」よう求めていることが伺えます。

この英国の新しい「労働安全衛生法」（一九七四年版）は国連機関や諸外国にも大きな影響を与えました。

たとえば、ＩＬＯの一九八一年の「職業上の安全及び健康に関する基本条約」（第一五五号）では、「生命と健康に切迫した重大な危険のある場合、労働者はその状況を直ちに直接の監督者に報告する。使用者が是正処置をとるまで、労働者はこのような危険な職場に戻ることを求められない。こうして緊急避難した労働者はそのために不当な取り扱いを受けないよう保護される」とあります。切迫した危険に対する使用者の責任と労働者の退避する権利を確認した有名な条文です。この条約以降、ＩＬＯは政労使の協力による予防措置を現場の自主努力で支える方針を業種や環境リスクに応じて確立することを根幹とする条約・勧告を採択しています。当時、ＩＬＯ本部勤務だった小木は、そのうちの第一七〇号職場における化学物質の使用の安全に関する条約（一九九〇年）、第一七四号大規模産業災害防止条約（一九九三年）の採択時にＩＬＯ総会事務局担当者として協力していました。

さらに、スウェーデンの一九九六年「職場環境の自律管理に関する規則」（スウェーデン国家安全衛生評議会布告）では、「職場環境の自律管理とは、達成すべき職場環境条件を満たすために、システマティックな計画を立案し、実施しかつそのフォローアップを行うことをいう」と定義づけた後、①事業主は、職場管理の自律管理を行わねばならない、②事業主は、職場環境に関する事項について、労働者並びに労働者の代表に自律管理に参画する機会を提供しなければならない、③アクション・プランにおいて、達成すべき職場条件を満足させる措置を文書にしなければならない、④実行された措置のフォローアップを行わなければならない、と述べるのです。

アジア諸国にも大きな影響が及び、法的規制だけに頼らずに、事業者責任による労働安全衛生面の自主対応を支える動きが相次ぎました。「ローベンス報告」が呼びかけた職場内の自主対応への転換が、労働監督制度の見直しと、労使による職場内の予防活動の推進策を重視する新しい動きとなっていきました。

マレーシアが一九九四年に制定した労働安全衛生法がこの自主対応路線に沿った新法として注目され、各国の労働法にも同様の新しい規定が採択されていって、労働監督行政にも取り入れられていきました。

「職場に産業化が進行する」

さて、「職場の自主対応」に重きを置く流れが、労働安全衛生に関わる歴史の中で登場してきたことを、別角度から見てきました。アジア地域における労使の直接対話による職場環境改善の普及も、こうした流れと同期したところがあったと言ってよいでしょう。こうした影響は大なり小なり、職場に及ぶ「産業化の波」と関係があると認められます。

「職場に産業化が進行する」に伴って、職場における健康と安全という視点から見ると、いろいろな危害要因によって安全と健康へのリスクが新しい生産技術・生産方式と共に持ち込まれるようになったと理解できます。しかもそうした変化のスピードが速く、社会のニーズや受注先の要請によって、ある危害要因（ハザード）が増えたり減ったり、あるいは複数の危害要因が複合的に存在したりする状況です。こうした常に変化する職場の危害要因を理解して、タイムリーにリスク低減策をとるには、職場ごとの自主対応、とりわけ職場のみんなが力を合わせる参加型改善の進め方を織り込んだ対応が最も効果的です。

近年、こうした多重リスクを取り上げて、その不利な影響を防ぐ対策の要否を判定する「リスクアセスメント」が特に注目されています。まず「リスク」を考えるためには、「ハザード」と区別して考えることが重要です。ハザードとは人びとの安全や健康を脅かす可能性のある特定の要因、危害要因です。リスクとは、そのハザードそのものの危害の大きさだけではなく、実際にそれが起こりうる可能性の大小によって、どれだけの対応措置が必要かで表現される現実の事態です。したがって、「きわめて有害」で「発生の可能性がある」ものが、優先的に対処すべき課題と判断されます。よって、リスクアセスメントとは、単にリスクの重大さや、現に職場や労働者に及んでいる状況を評価するだけでなく、現実の事態において事業者がとるべき「優先措置」を決められるようにすることを指しています。

ここで見逃してはならないことは、産業化の進行するもとで、安全・健康リスクのさまざまな職場、さまざまな職種への広がりです。大企業から中小企業へ、農業であれ、製造業や建設業であれ、新しい生産手段の導入に起因する複合的リスクが問題になっています。リスクアセスメントというと、ともすると専門家が測定機器や統計手法を用いて実施するものと受け取られ、職場の労使はそれらのサービスによる評価結果の受動的な受け手と見られる場合があります。しかし、重要なのは、職場の条件に合わせて、労使が協力して、現実にある安全・健康リスクに対してとるべき「優先措置」を確認していけるようにすることです。

複合要因について効果的にリスクアセスメントするためにこそ、職場の全員参加とその経験や知恵を寄せ合うことが必要です。言うまでもないことですが、職場に毎日いて作業に直接関わっている労働者と経営者こそが、安全と健康のリスクに、また必要な予防措置に、あるいはその徴候に気がつく場合が多くあるのです。ですから日頃から職場にある潜在的な危害要因と有効な予防措置についての情報共有や訓練が実施されていれば、その分現場の労使はいち早く変化するリ

技術領域	主な危害リスク	よくある改善ポイント例
資材取り扱い	物の保管・運搬に伴う事故と筋骨格系障害	通路、多段の棚使用、重量物運搬における台車使用
ワークステーション	過度の作業負荷と困難な作業手順	リーチ、肘の高さの作業台、椅子、見やすい表示
機器の安全	機器操作に伴う事故と作業ミス	安全な機器購入、防護装置、電気配線、安全な入力操作、緊急停止
作業場環境	不良な照明・換気と有害物・有害要因	照明・温熱環境、騒音・粉じん・有害物質対策、ラベル付け、保護具
福利設備	非衛生的な設備と休養不全	衛生的なトイレと飲料水、食堂、休憩室、リクリエーション施設
作業編成	過重作業の継続と緊急事態への対処不足	適切な作業時間、休憩制、チームワーク、コミュニケーション、緊急事態への備え

表6　六つの共通する技術領域と改善ポイント

スクに気がついて、その低減に手が打てます。そうした取り組みで労働災害や職業病を未然に防ぐことにつながります。こうした状況は参加型改善の進め方が最も得意とするものです。いま現場で働く労使がともに対話しつつチェックリストを使って、さらなる予防措置がすぐ必要でないか、その是非を確かめて改善策を現場に組み込むやり方だからです。

参加型改善では、実際の職場の危害要因による現実のリスクを捉えて対処していく上で、上の表6に示した六つの技術領域にまず着目します。

これらの技術領域で取り上げる改善ポイントは、その多くは表6に示すように、どの業種にも共通する、いずれもだれでもが気がつく実際的な点です。また多くの職場ですでに実施されている好事例はすぐに見つけられます。こう考えると簡単に見えて、もうすでに打つ手はとられていると思いがちですが、実はなかなか奥が深いのです。というのもすでに述べたように職場の作業内容も作業環境も日々変化していますから、すでに手を打ったつもりでいたことが数ヵ月後には適合しなくなったり、あるいはみんなの意見を合わせてみると、意外に抜け落ちている点があったりします。

産業安全保健活動に日頃から力を入れていると評判の職場を見せていただいたときも、こうした点に気づきました。工場のメインの通路は広く人が頻繁に通る所なのでよく整備されていましたが、メインから少し離れた保管場所や、普段あまり使われない修理作業を行う場所では、いつのまにか通路に物が置かれていたりします。こうしたところで災害が起こったりするのです。同様なことは、小規模の事業場でも起こります。

ですから、まずだれでもが取り上げやすい技術分野から始まって、改めてみんなの目を合わせて、複合的に変化するリスクに先手をとって対処していくアプローチこそが有効となります。

こうして変化する小さなリスクや徴候にも注意を払って、全員参加型で自主的に対応していく職場の雰囲気が醸成されます。だからこそ、すぐに低コストでもできる改善策で手を打っていくのです。そうした多彩な職場レベルの活動推進策が各国で進展したのを背景に、ＩＬＯは、二〇〇五年「第九三回ＩＬＯ総会における労働安全衛生委員会の結論」の中で「予防的安全保健文化」を促進せよと呼びかけています。

職場に根づく改善への「共感」

予防的安全保健文化の確立には、複合して存在するさまざまなリスクに対して、日頃から有効な予防措置を講じていく職場風土の構築が必要です。対策が必要なリスクを知り対処するには、同じようなリスクに対してとられている既存の予防措置に習って、職場の経験をふまえて対策を講じていく、不断の改善努力とその積み重ねが大切になります。小規模職場にそうした職場風土づくりが参加型改善の取り組みで広まったのは、職場内の労働者にもともと存在する、より良い仕事の進め方をすぐできることから始めようとする「共感」に根差したからと受け止めることができます。

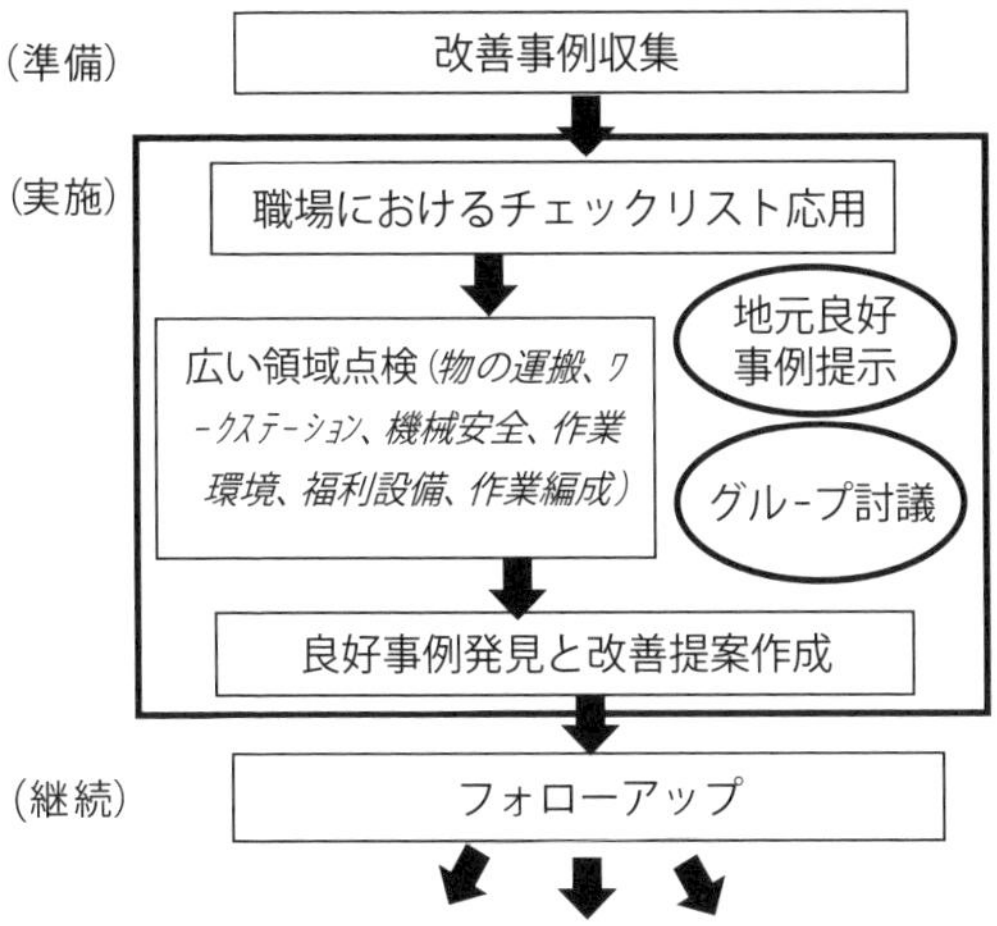

図９　参加型職場環境改善の基本ステップ

　図９に、そうした職場風土づくりを背景にし、参加型自主改善で職場内の安全健康についての改善を進めるための基本ステップを示しました。地元や同種の職場にある良好事例を知って、すぐ行える改善をグループ討議で提案していくことが基

改善領域	改善コスト				
	0	<$10	<$20	<$80	$80<
資材取り扱い	◆◆◆		◆	◆◆	◆◆
ワークステーション	◆◆◆	◆◆◆			◆
機器の安全	◆◆	◆			
有害環境対策	◆◆◆	◆◆◆		◆	◆
照明	◆	◆◆	◆		
福利設備	◆◆◆	◆◆◆	◆◆◆	◆◆◆◆	
構内整備	◆◆◆	◆◆	◆	◆◆◆	◆
合　計	22	16	7	12	6

表7　タイの中小企業における改善コスト調査結果

改善領域	改善コスト				
	0	<$1	<$10	<$50	$50<
資材取り扱い	◆◆	◆	◆◆◆	◆◆◆	◆
台所まわり	◆◆◆◆◆◆	◆◆◆	◆◆◆◆	◆◆◆	◆
環境対策	◆◆◆	◆◆◆	◆◆	◆◆◆	
福利設備	◆◆◆◆◆◆◆	◆◆◆	◆◆◆◆◆◆	◆	
所得向上策	◆		◆◆◆	◆◆◆	◆◆◆
合　計	28	13	24	16	7

表8　ベトナムの農業地域における改善コスト調査結果

本ステップです。つまり、すぐできる良い実践を職場の仲間で共有して、例示リストを参考に提案しやすくなっている点が、とても大事な点です。その目標は、自主改善ですが、そのプロセスが、仲間どうしで分かりやすく提案しやすいことが、促進効果を持っていることになります。その基本になっているのが、自主協議で対応することを重んじる取り組み方です。この時代の動きに即した「自主対応」ステップの取り方を容易化したのが、ワイズ方式が広く普及した理由でした。

こうした職場の提案による改善が多くの業種で受け入れられた、もう一つ大事な点は、実際に行われた改善の多くが現場の工夫に基づいて低コストですぐ実施できたことです。実際にワイズ方式で行われた改善コストをタイの首都バンコク南方の工業地帯の中小企業で調べた結果を表7に、同様のウインド方式による南ベトナムの農村地帯で調べた改善コストの分布状況を表8に示しました。当時のドル換算で示してあります。タイの中小企業が実施した改善の六三例のうち、三分の一ほどが経費なしで実施でき、同じく三分の一余りが二〇ドル以内で実施されていました。他方、ベトナムの農村において農家単位で行われた改善八八例の場合、同様に三分の一は経費なしで、四割超が一〇ドル以内で実施できたことが分かります。技術領域別にみても、この低コスト策中心に取り組まれている傾向は、はっきり認められます。こうした事実は、その後のワイズ方式の普及に当たって、良い促進剤となり、低コスト策中心の取り組みに生かされます。

日本への逆輸入が始まった

アジアの各地で参加型職場改善が広く展開されていることが国際会議や交流会などを通じて、日本国内にも知られていきます。参加型職場改善の経験を積んだ産業医や産業保健専門職、医療関係者も日本に帰国しています。それでも、参加型改善の日本での第一歩は、国外の参加型改善の活動を支えてきた労働科学研究所のまさに「足元」で始まりました。

労働科学研究所は一九七一年より神奈川県川崎市にありました。労働科学研究所と川崎市が共同で実施していた清掃、給食調理、消防などの職場トレーニングに、参加型を導入したのが最初です。一九八七年頃のことです。職場を訪問し、トレーナーがアクションチェックリストを使っ

改善領域	改善提案数	1企業当たり
資材取り扱い	46	1.0
ワークステーション	57	1.2
機器の安全	117	2.5
作業場環境	188	4.0
福利設備	79	1.7
構内整備	140	3.0
作業編成	131	2.8
合　計	758	16.1

表9　ダイカスト工業組合47企業の参加型活動による改善提案

て好事例の提示、現場の仲間どうしによるグループ討論で改善策を作成、参加型改善を応用しながら、職場の問題点と課題を検討したのです。

続いての取り組みは一九八九年、ダイカスト工業の関東地域にある協同組合加盟企業を対象に行われました。ダイカストとは、金型にアルミニウムや亜鉛を溶かした溶液を流し入れ、圧力をかけて成型する機械をいいます。ロボット、船舶、自動車・二輪車、照明器具などの部品などを作っています。加盟企業に労働科学研究所が協力し、参加型職場改善を行います。同じ業種の良好事例の写真でアクションチェックリストを作成して、低コストでの改善案を労使の対話でもってグループ討議し、多くの企業で改善策を決定できました。その取り組みに参加した四七社の改善計画の分布を表9に示します。機械の安全面や有害環境対策も含みますが、資材の運搬と保管、作業台周りの改善、構内整備、福利設備など、広い技術領域にまたがる改善策が採用されます。実際の現場改善事例の一部を図10に示します。働きやすくする視点が、よくうかがわれる改善策です。

一九九〇年にＩＬＯとスウェーデン合同安全審議会の編著「安全、衛生、作業条件トレーニング・マニュアル」の日本語訳書を小木が中心になって刊行しました。労働安全衛生の新しいトレーニング・マニュアルとして紹介したかったのです。仲間が集まり、職場の改善点を見つける助けになればと思ったのです。もちろん、改善策提案用チェックリストが付いています。

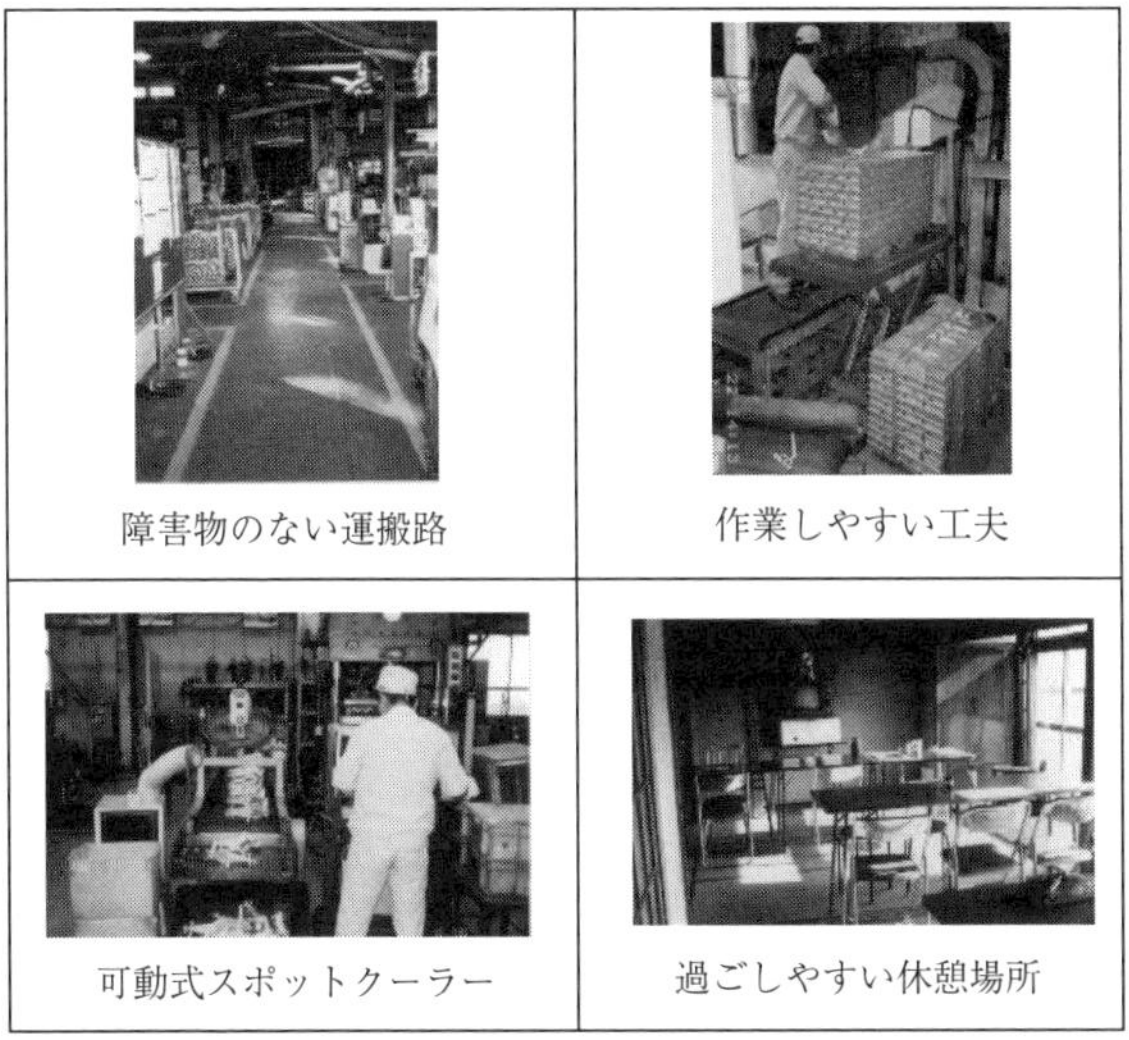

図10　ダイカスト工業における参加型改善例

実は、この本を読んだということで電話が小木の所にありました。本の内容がたいへん興味深く、一度会って、話を聞かせてほしいという依頼です。電話で伺ったところ、東京の下町、東部地区で労災・職業病の労働者のサポート、申請から復帰までの支援を行っている医療関係の方が集まったグループ、東京労働安全衛生センターということです。そうした縁に始まり、地元に近い建築関係の職場をいくつか一緒に回りながら、参加型職場改善を実践しました。その後、複数の職場を巡回して行いました。なかには、古くなった建物や家の解体を主な業務とする会社もあって、ご一緒しました。一九九二年頃からです。東京労働安全衛生センターの活動には、その後も参加していて、労災・職業病を防止するための改善活動や、石綿含有建材などの危険性の判定、外国人労働者への支援・サポートなど、多様な活動から学んでいます。参加型改善に特に力点が置かれています。

「作業環境測定士」の国家資格をもつ人たちとの交流も進んでいます。環境中の粉塵など有害物や石綿の量を測定することも、彼らの仕事のひとつで、多彩に職場環境改善の推進役を担っており、各国の職場環境技術者との交流も進んでいます。日本作業環境測定協会の会員企業のなかから、参加型職場改善を実践する人たちが現れました。

そのほか、ここには紹介しきれないほど、「参加型改善」の試みは行われています。特別、日本だからといって、東南アジアと異なる事態が起きているわけではありませんが、新しい試みはあって、そのことは後で、「ストレス予防」のところで紹介します。全体としてまとまりのある行動をとっているというよりは、職場ごとの現場改善の必要に応じて、労使の協力に支えられて広がっています。

ここでは、アジア各地での参加型改善の実践を体験したり、聞いた人たちがそれぞれの職場で取り組んでいることや、先に述べたような「ローベンス報告」の波及に気づいて「職場の自主対応」こそが世界の潮流だとの理解が広がり、多くの活動を通じての協力も進んでいることに言及するにとどめます。

一九九二年に「快適職場指針」が厚生労働省より通達で出ます。快適職場指針の目指すものは

「仕事による疲労やストレスを感じることの少ない、働きやすい職場づくり」だそうです。そのなかで、快適職場指針は「作業環境の管理」「作業方法の改善」「労働者の心身の疲労の回復を図るための施設・設備の設置・整備」「その他の施設・設備の維持管理」の四つの視点から措置を講ずるのが望ましいとしています。そうした記述のなかで、「『快適職場づくり』を「事業場の自主的な安全衛生管理活動の一環として位置づけ」ることが示されました。

参加型職場改善が、日本という土壌でもしっかりと「最初の根」を下ろした最初の頃の様子をまずは紹介しようと思い、書いてきました。日常の仕事の進め方、幅広い職場環境要因への自主的な取り組みを支える見方による現場トレーニング方法が注目されるようになりました。

日本の組合からアジアの組合へ――労働組合主導の安全健康職場づくり

ここで特筆されるのが、一九九四年から始まった日本の国際労働財団（ＪＩＬＡＦ）の技術援助として取り組むようになった、アジア諸国の労働組合主導による安全保健活動支援です。労働組合の連合組織が支援する国際労働財団が、パキスタンの全パキスタン労働組合連盟に協力し労働組合主導による参加型職場環境改善の研修会を小木が参加して行ったのが、最初でした。当時、ワイズ方式は東南アジアで普及の途上にありました。パキスタン労組員向けに、応用しやすい低コスト改善策スライドとグループワーク方法、改善アクションチェックリストの一式のトレーニング教材を整える協力をしました。

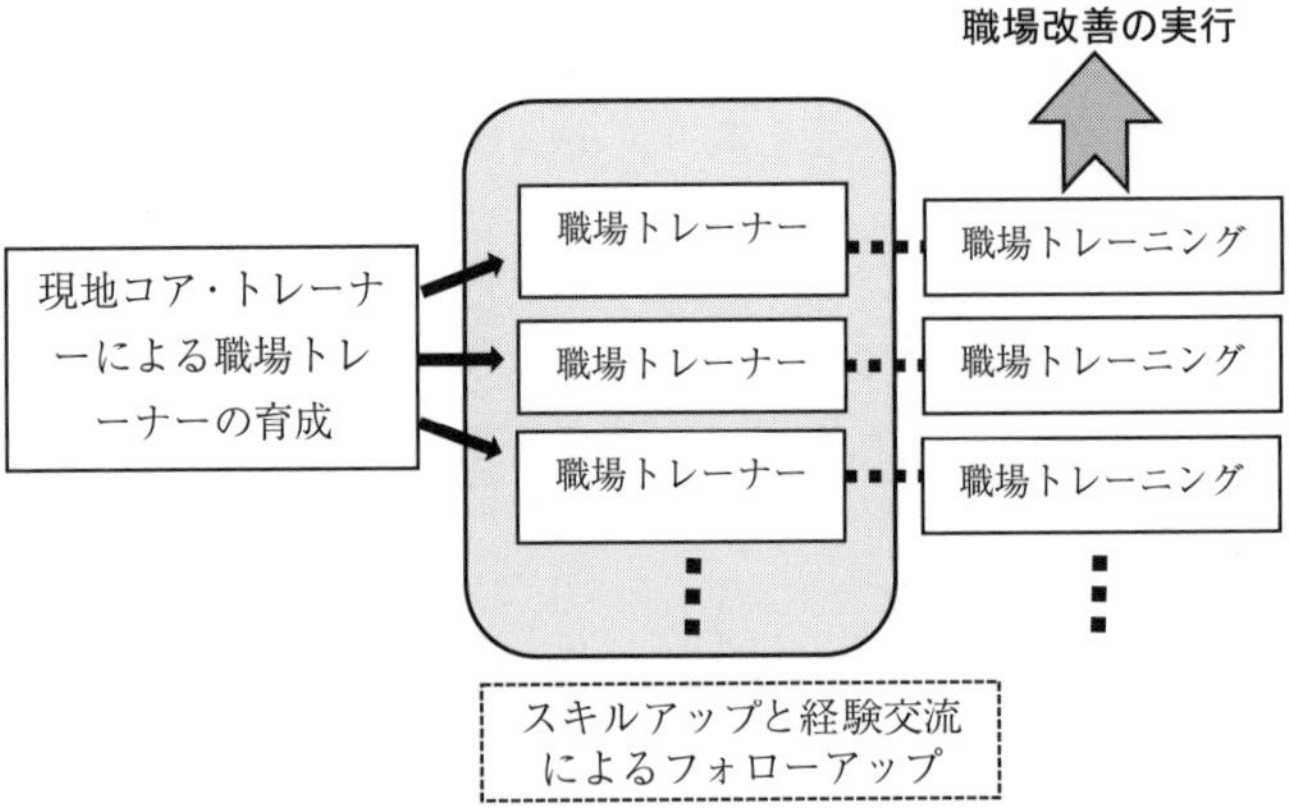

図11　ポジティブ方式による改善トレーニングの行われ方

パキスタンでの参加型改善のトレーニングによって労組の積極的取り組みがしっかり根づくと確かめられたのが、ほかの国でも実施しようという後押しとなりました。国際労働財団の提案で、ワイズ方式の労組版安全保健トレーニングを「労働組合主導参加型安全改善」(Participation-Oriented Safety Improvement by Trade-union InitiatiVE) に当たる「POSITIVE(ポジティブ)」と名づけました。アジア圏の労働組合中央組織に次々に呼びかけ、二〇一〇年代まで、ポジティブ方式トレーニングが実施されていきます。「POSITIVEプログラムアクションマニュアル」を作り、研修用スライドと共に各国語に翻訳して使いました。

ポジティブ方式トレーニングは、よくやられた方法では、第一段階として加盟組織から選ばれた労働組合員二〇~三〇人を対象に三日間の参加型改善ワークショップを行います。これが「トレーナー研修」にあたります。そのトレーニングを受けた労組員たちが自組織にもどり、参加した職場の人たちを対象に、一日ないし半日の「職場トレーニング」を行います。

トレーナー研修と職場トレーニングの二段階（二階建て）方式です。職場単位の参加型改善と実質は変わらず、違いは労組員がトレーナーになることだけです。トレーナー育成から職場トレーニングへの進め方は、図11のようになります。アクションチェックリストと改善策のマニュアルはそれぞれの言語に翻訳、改善実例写真やイラストを使いアクションチェックリストで改善提案をまとめるところは同じです。

二段階目の短期トレーニングにより職場レベルの改善が行われると、その結果を組織全体にフィードバックするとともに、経験交流のための成果報告ワークショップがよく開かれました。トレーナーたちを対象にしたスキルアップ研修も、多くの組織で行われました。

改善策はワイズ方式に準拠して、資材扱い、ワークステーション、作業場環境、福祉施設、作業編成です。領域別の改善アクションチェックリストは、合計三〇項目ほどにまとめて使いやすくすることも、各国共通です。領域別に現状の良い点と改善点をグループ討議し、最後のセッションですぐにできる低コストの改善プランにまとめるという方式です。

職場トレーナー向けワークショップでは、三日間ないし四日間の場合、初日に職場訪問でチェックリスト演習し、二日目から領域別の改善策を実習し、最終日に実施方法の解説後に活動プランを全参加者が報告するようにしました。現場で働く労組員を対象にしているため領域別の

援助国	対象組合員	実施期間	セミナー参加者数	トレーナー数
パキスタン	88万	1994～11年間	10,279	248
フィリピン	48万	1994～13年間	1,615	72
バングラデシュ	58万	1996～11年間	5,437	312
モンゴル	45万	1998～9年間	1,186	25
タイ	2.5 万	1999～4年間	10,279	-
ネパール	14万	2000～7年間	1,323	203
中国	1億200万	2002～5年間	44,074	160*
ベトナム	520万	2004～3年間	244	32
インドネシア	51万	2005～2年間	78	11*

表10　POSITIVEプログラムの各国労働組合組織別参加状況
(2007年3月資料から、*コアトレーナーのみ)

改善策への関心は高く、具体的な改善策を研修するやり方が好まれました。

一九九四年のパキスタンを最初のステップに、フィリピン、バングラデシュ、モンゴル、タイ、ネパールで同じ方式でのトレーニング実施へとジャンプしたわけです。さらに二〇〇〇年以降になって中国、ベトナム、インドネシアにも波及し、二〇一一年からはインドでも実施されました。こんな広がりを見せるとは、関係者にとっても私たちにも当初の想像を大きく超えるものでした。二〇〇七年当時までの進捗状況を表10に示します。労働組合員であるトレーナーも合わせると千人以上育っていました。

ポジティブ方式のトレーナー数、参加者数からみて、アジア諸国に参加型職場改善を広める社会状況が共通してあることが確かめられました。まずその国の労働組合中央組織に働きかけ、トレーナー研修とそれに続く職場トレーニングの二段階方式で参加型職場改善を実習するのです。どの国でも進め方は同じです。

ワイズ方式やウインド方式もアジア諸国に広く波及したのですが、トレーニングを受けた参加者数や訓練を受けたトレーナー数が、国別にまとめて報告されてはいません。これに対しポジティブ方式の場合には、援助したプログラムと実施経過が国際労働財団を通じて確認できたため、表10に示す状況が把握できました。参加型職場環境改善が、各国の労働組合を通じて、アジアに広く一つの流れとして波及したことが分かります。

労働組合組織によるポジティブトレーニングの成功は、その後、国際基準として一斉に取り組まれる「労働安全衛生マネジメントシステム」にアジア各国の労働組合が参加することになるリード役を果たします。

ポジティブトレーニングによって、労働組合が職場環境の点検と改善に直接加わることを目標とし、すぐに実施可能な改善策の提案手順を研修したことは意義深く、後の「広域リスクマネジメント」に職場の労働者が参画する先駆的活動として評価できるものです。二〇〇六年採択のILO第一八七号「職業上の安全及び健康を促進するための枠組みに関する条約」では、労働者団体が職場の安全衛生活動の協議に参画することを定め、政労使三者による推進を国際基準としています。こうした新しい流れに先鞭をつけたものといってよいでしょう。

「職場の自主対応」をサポート

一九九九年に労働省から出された「労働安全衛生規則」の第二章第八節の2に「自主的活動の促進のための指針」と書かれています。同じ一九九九年の「労働安全衛生マネジメントシステム指針」(労働省告示)の第六条は〈労働者の意見の反映〉と題し、「事業主は、安全衛生目標の設定並びに安全衛生計画の作成、実施、評価、改善にあたり、安全衛生委員会の活用等労働者の意見を反映する手順を定める」と推奨されています。

日本でも「職場の自主対応」が推進される動きがようやく出てきた証《あかし》と見ていいのでしょう。アジアでも日本でも、職場ごとの自主的な取り組みを効果的に支援するという動きは確かに見られてきています。そして、イギリスや北欧をはじめヨーロッパでも自主対応ないしは自律対応を後押しする動きがあり、やがてそれが世界の動きへと広がる勢いがあります。

そうした機運のなか、一九九〇年代の後半より、新しいかたちの参加型改善が自治体などの住民サービスの職場や、医療介護職の現場に突然に広がっていったのです。これが次節で紹介する「ストレス対策」として広まった参加型改善です。

日本社会に職場ごとに行う「リスクアセスメント」の考え方が広まったことも、職場の自主改善活動を強化する追い風になっています。各職場にもともとあったリスク管理の考えに、参加型の手法が組み合わさってリスクアセスメントが行われるようになったのです。職場にある安全と健康に対するリスクを幅広く捉えて対処する方法に、参加型改善が使えるという認識が広まって

きたのです

多くの職場のリスク改善が実は低コストで、専門家の具体的なアドバイスを得られない職場でも、労使が主体となって改善に取り組めるという実際例が積み上げられていったのです。先に紹介した、ダイカスト工業の事例でも、「通路の整備」として障害物を通路から取り除くことを行ったので、ほとんどコストはかかっていません。専門家の支援なしに、職場労使が自分たちのアイデアと職場にある材料を使って実施したものです。目に見える改善成果を共有することで、さらに改善に進もうというモチベーションも高まります。

ここで忘れてはならないのは、産業現場の安全と健康を守る活動における労働者参加の重要性が強く認識されてきたことです。労働と生産の現場の最前線にあって安全や健康上のリスクに最初に気づくのは、そこで実際に働く人びとであることが多いのです。参加型のトレーニング活動を経験した小規模職場でも、労使が共に参加することに力点が置かれています。実際に労使が協力してグループ討論によって活発に意見を述べ合うと、多くの事業主は労働者が持っている多くの視点やアイデアに驚かされます。

二〇〇一年採択のＩＬＯ「労働安全衛生マネジメントシステムガイドライン」（通称ＩＬＯ-ＯＳＨ二〇〇一）では、「労働者参加」について細かく記述され、労働者は産業安全保健活動のすべての側面について知らされ、参加すべきこととなっています。また労働者が参加しやすいように、活動やトレーニングを就業時間内に実施することも定められています。こうした流れを受け、二〇一八年からスタートした「労働安全衛生マネジメントシステム規格」（ISO四五〇〇一）では、「労働者参加の章」が独立して設けられ、規格に該当するための「要求事項」が詳細に書かれています。

ここで二〇一七年に、インドのハイデラバードで開催された第五回国際労働安全衛生・環境会議の場で川上が聞いた興味深いエピソードを紹介しましょう。インドのセメント会社ウルトラテック社の最高経営責任者（CEO）は、「CEOのリーダーシップ」というパネル討論の中で、「私は九〇〇〇人いる自社の労働者全員が安全保健専任担当者だと考えている」と力強く語っていました。すなわち、労働者ひとりひとりが安全保健活動に主体的に参加することこそが、みんなの安全と健康、ひいては企業の安全とビジネスの継続を保証するものであり、それこそが「わが社の財産であり、プライドにつながり、社の品格を上げるものだ」とCEOは言いたかったのです。そうした自主的活動を支援することは、わが社の方針ですと言い切りました。

このエピソードは安全と健康の自主活動に力を入れている企業のCEOとしてのプライドと気概を示すもので、いかに労働者参加を重要視しているかを物語るものです。彼の笑顔は、これとよく似たアジアでのある体験を想起させるものでした。あのベトナムの農村の家の庭先で近隣の農家の人を集め、ミニトレーニングを行っている女性のうれしそうな笑顔、生き生きとした声に、かすかな自信さえも感じ取れたときを思い返します。またネパールで建設会社を立ち上げた女性経営者は、女性労働者のニーズに応え、小さな職場ごとに仮設トイレを設置、まるで自分が女性労働者として建設現場で働いたときに「女性でも入れるトイレ」がなくて苦労したことを忘れないためのように。彼女の動作もきびきびとし、自信をもった笑顔でした。参加型改善の体験は「生きる喜び」とどこかでつながっているような気がします。だからもう一度、体験したくて、継続されていくのだと。

産業の安全と健康面の改善は職場の生産性向上と強くつながっています。万が一労働災害が起これば、労働者が悲惨な目にあうだけでなく、その企業の生産活動は中断され、回復には多くのコストと努力が必要になるでしょう。同じ職場で働く人びとのモチベーションにも影響しますし、また何よりも労災を起こしたということで企業イメージや顧客確保にもダメージを与えます。産業現場の安全と健康のリスクは、その企業のビジネスにとって大きなマイナスであり、命取りになるかもしれないのです。

職場の実情に合わせたリスク低減策を職場の人たちが提案したら、すぐ取り組む利点も明らかです。企業としての生産の現場における活力・職場力を向上させたい経営者はこのことを強く認識していて、だから労働者参加型の安全保健活動に力を入れ、労働者の主体的な参加と意見表明を重視し、またすぐの改善に生かすのです。産業安全活動では、そうした自主活動を促す動きは従来からありましたが、作業内容や職場環境のあり方を含む日常の自主改善とそのトレーニング手法に目が向けられるようになったのが注目されます。

ストレス対策に——「職場ドック」が始まる

業種別の参加型改善活動とその支援体制は、二〇〇〇年代になって、アジアの一〇を超える国ぐにで国の労働安全衛生政策に取り入れられるまでに、認知されるようになりました。職場の労使が協力して全員参加によって安全を守る活動はどの国でも普及しつつあったのですが、労使による直接対話でもって職場内の安全と健康を継続改善していくという進め方は、確かに新しい展開でした。こうした進展は、労働安全衛生マネジメントの新しい国際標準となっていく捉え方とも合致し、職場内へ浸透していったのです。

日本における参加型改善活動にさらに注目が集まり進展したのは、職場におけるストレス予防策として活用されたことが大きく影響しています。二〇〇〇年を過ぎ、日本の社会で職場のメンタルヘルスに注目が集まってきます。安全で健康、働きやすい職場（いきいき職場）づくりには、こころの健康（メンタルヘルス）が欠かせないという見方です。そうなると、職場のストレス予防にも参加型改善が使えないか検討されるようになります。

ともすれば、負担の大きい肉体作業や有害な化学物質の使用に代表される作業環境上の課題への参加型改善が進んできたので、次の段階として産業保健の新しいステップに参加型改善が浮かびあがってきたとみられがちです。しかしそもそも、仕事に付随する肉体的な負担と精神的な負担は分離できるのでしょうか。この「負担」という用語は、「疲労」に置き換えることができるでしょう。精神的な疲労を「ストレス」と呼んだりするのですが、肉体的疲労も精神的疲労もある作業を行うことで発生するとすれば、作業の現場では一体のものとして対処されてきたのではないでしょうか。

そうした中で、「今日は疲れたから作業はこの辺りにしてもう区切りをつけようか」とか、同じ職場の「だれだれさんは最近、忙しそうで疲れているので手を貸そうか」とか、「今度の仕事は負担が大きくて大変そうだから、いつも以上に段取りを注意深く設定しなければいけない」とか、感じるものです。著者の小木も「疲労」に集中して研究、調査していたときに、「疲労の共感性」（あの人は特に疲れていると同じ職場の人は分かること）に着目したのです。さまざまな現場の知恵が、ストレスに対抗して自然と働いてきたように思われます。

ストレス対策というと、ともすれば、みんなが感じているストレス感を調べたり、ストレスカウンセリングを受けたり、さらに症状が進んでしまった場合には精神科医を受診して面談や投薬を受けたりという面に目が向きがちです。ストレスを背負いながら働いている労働者を職場でどう受け入れて働き続けてもらえるか、本人も周囲もそして医師も考えをめぐらします。こうした処置や対策はもちろんいずれも重要です。その上で、根源的な一次予防の視点に立ってストレス対策を講じていくには、職場にあるストレス要因を皆で見つけてひとつひとつ除去ないし低減していくということが大切です。

メンタルヘルスでいうところの一次予防、二次予防、三次予防について、ここで確認しておきましょう。

一次予防とは、メンタルヘルス不調の事前の防止を指します。特に大事なのが、仕事を行う中での健康障害の防止です。労働時間が長くなっていないか、請け負っている仕事が過重になっていないか、当の仕事にやりがいをもって取り組めているか、仕事上のストレスを抱え込んでいないか、上司や部下との人間関係で重いトラブルを抱えていないか、などです。仕事だけでなく、家庭や夫婦や子どものことで悩んでいないか、近いうちに引っ越しの予定があったり、単身赴任中で不便な生活をしばらく送っているなどといった事情もこの中に含めていいでしょう。こうした労働生活上の両方のチェックを行うことが一次予防としてのストレスチェックに当たります。

これに対して二次予防は、メンタルヘルス不調の早期発見および早期治療をいいます。上司ならびに産業保健専門職への相談、定期健康診断での医師との相談で「ちょっとおかしい」と本人がまず気づくことが早期発見につながります。

そして、三次予防とは、メンタルヘルス不調で休職していた労働者・管理者への職場復帰支援ならびに再発防止を指します。

二〇一一年から、高知県が労働科学研究所の技術協力を受けて、県職員を対象に職場環境改善を通じたメンタルヘルス一次予防対策の取り組み事業「職場ドック」プログラムを開発し、スタートさせました。日本で誕生した「職場ドック」は、ストレス対策の参加型プログラムです。この名称は、定期的に自分の健康度を調べる「人間ドック」に見習い、定期的に自分たちの職場における健康対策を自分たちがチェックしようという試みです。重要なことは、上司も含め自分たちでメンタルヘルス面を含めてチェックし、すぐにできる対抗策についても合意し、改善策を決定、行動に移すところまで決めるということです。この点では、参加型職場改善と同じです。「職場ドック」は高知県に続き、北海道庁や京都府などの自治体職場でも取り組まれ、毎年、たくさんの職場で定期的に改善が実施されています。

国内各地の自治体職場などでは、職員厚生担当や労働組合の積極的な支援で、参加型の職場環境改善に取り組んできたところも多いのですが、メンタルヘルス面を含めて職場内で検討し合うことでよい成果が得られることが知られてからは、さまざまな経験交流が進んでいます。

中小製造業や建設業、事務系の職場でも、参加型改善策を取り入れたストレス対策の取り組みが普及しつつあります。こうした動きは食品サービス業や医療介護の職場へと広がっています。広く応用する動きが進行中です。二〇一五年より「労働安全衛生法」の一部改正により、常時五〇人以上の労働者を使っている事業所は年一回のストレスチェックを義務づけられましたが、そうした全国的な動きにも触発されて、職場環境のあり方を取り上げての現場改善の動きが広がっています。

職場ストレス対策は、その後、韓国やタイなど東南アジアの国ぐにに輸出するかのように広まっています。それらの国でも、ストレス対策を含めた良好事例写真群とストレス予防アクションチェックリストを活用しています。

基本的な進め方は図9に示した参加型職場改善手法と同じです。

10の目のつけどころ領域	チェックポイントの例
リーダーシップと公正さ	ストレス対処方針明確化、差別の是正、対話、個人情報保護、問題への迅速対応
仕事の要求	作業負担調整、個人への過度の要求是正
職務の裁量度	労働者の作業計画決定への参加、作業方法における自由度と裁量
社会的支援	知識・経験共有、支援の外部資源特定
作業場環境	リスクのアセスメント手順の明確化、危害要因の発生源での排除・低減
ワークライフバランスと労働時間	労働時間設計への参加、長時間労働防止
職場における貢献の認識	成果の共有、労働者の意見表明制度
攻撃的行為からの保護	組織の仕組みづくり、訓練、暴力・ハラスメント対処手順
雇用の保障	安定した雇用、雇用条件と賃金の明確化
情報とコミュニケーション	監督者・労働者コミュニケーション、経営トップへの労働者意見の伝達

表11　職場ストレス対策の目のつけどころ10領域

「職場ドック」の方法は、職場内の労使による自主改善手法として、自治体職場に限らず、民間の職場にも広まっています。そして、アジアにも広がっていきました。日本やアジアの多くの職場労使が、参加型改善手法がストレス対策に応用できることを体験・実感してきました。たいへん有効だと確かめています。

こうした経験は、ＩＬＯから出版の「職場ストレス予防チェックポイント」（二〇一〇年）の編集に生かされています。小木が編集を担当したこの本では、表11に示すように、職場ストレス対策を、一〇の領域に分け、職場の合意に基づいてとる改善アクションとして五〇項目を解説しています。

一〇領域の中の項目を見ていくと、仕

事や作業の流れをよく観察して、チームワークでもって作業改善策を考えていく重要性がよく分かってきます。ストレス要因を広い視野で取り上げながら対策を練ることがとても大切なのです。チェックポイントの例は、現場で対処し、乗り超えるべき課題を挙げています。その例は、多くのストレス研究や職場での取り組み経験に基づいていますが、労使の協力なしには達成できない行動項目も多いことに気づかれるでしょう。

まずは、第一領域の「リーダーシップと公正さ」です。これがスタート台で、職場におけるストレス対策の方針と戦略を労使が話し合って定め、全員に周知することから始まるのです。

第二領域「仕事の要求」では、ある組織やチーム、またはある個人が過度の作業負担や要求・責任が伴わないように、周りが協力して作業内容や手順を調整し、人的な加勢を求めることもあります。そして、第三領域以降で、相互の支援や、職場の環境対策、ワークライフバランス、コミュニケーションの改善を、職場内の対話で合意して取り組めるアクションとして取り上げます。こうした問題をみんなで話すには、ある種の心の「痛み」を伴うことがあります。全員で議論した後に、あいつは生意気だとか、わがままだとか、一人よがりだと陰口を言われかねないのです。そうならないためには、討論の際にだれかのワンマンプレーにならないよう、周りが気をつけなければいけません。

一〇の領域ごとにそれぞれチェックポイントを対応させていますが、これを労使全員の討議でもって課題を克服するには、改善策に対応した「アクションチェックリスト」が必要となります。

先に挙げた本では、それに対応した好事例写真が添えられています。「アクションチェックリスト」を手がかりに、職場労使が自身の職場を点検し、それから自分の考えを述べ、改善策の討議へと進んでいくわけです。ここでもすぐにできる実際的な改善アイデアからスタートして、実践されれば参加の輪が強化されます。何よりも日々の作業の中にあるちょっとした改善の積み重ねが、ストレス要因を低減する上で着実な効果を上げます。

ストレス対策では、すぐできる改善に取り組む現場労使の自主的なイニシアティブが大切です。たとえその討論に安全衛生担当者や産業保健専門職がいたとしても、専門的立場からリスクアセスメントや改善提案をするのではなく、一歩引き、ファシリテータとしての役割を果たすことが大切です。ファシリテータというのは現場で働く仲間たちが主体性をもって発言する雰囲気を支え、現場の人が自ら職場改善策を決定していくための、「黒子的な役」を果たすという意味です。

職場内で安全衛生担当者が張り切りすぎて自身で議論を仕切ってしまうと、参加した労使はどうしても受け手・聞き手に回ってしまいがちで、その実際的な経験や意見の表出が弱まりがちです。ですから、メンタルヘルスの一次予防では、産業医・産業保健専門職あるいは安全担当者は、ファシリテータ役をまず務め、必要な場合に専門的知識と経験から助言を述べることが求められています。

二〇一八年、厚生労働省科学研究費「ストレスチェック制度による労働者のメンタルヘルス不調の予防と職場環境改善効果に関する研究」班の報告書では、参加型職場環境改善が良好事例として大きく紹介されています。

包括的予防策に力点

産業現場の変容とともにリスクが複合的に作用することを考えて、職場における安全健康面のリスク全般を視野に入れた包括的な予防策をとることが大切になります。表6に示した六つの技術領域にストレス対策を加えたものが、まずは取り組みの入り口となるでしょう。その上で全員参加によるリスクの同定と改善提案・改善実施の手順の確認と明確化、いわば組織づくりも包括的予防という視点から不可欠です。包括的な予防策をとるということは、翻って見ると、単一の要因や活動にとらわれて、リスク全体や低減活動の全般がおろそかにならないようにすることです。

たとえば原料に化学物質を使用している工場では当然ですが、製造途中に排出されるさまざまな化学物質の安全な扱いと保管、そして製品となる化学物質の扱い方と保管法が大切です。その上で、作業環境のモニタリング、保護具の使用の徹底、あるいは現場の作業者の健康診断結果にまず注意が向きます。こうなると産業保健専門職や安全衛生担当者の専門知識に思わず頼りたくなるのも分かりますが、「全員参加の安全と保健に対するリスク管理」という視点を後回しにしてはいけません。

同様に運輸関係の職場であれば、まず交通事故の防止のための安全運転手順の確認作業に注意

複合的に作用する要因	増大するリスクとその結果
納期間近での重量物取り扱い	急ぎ作業下での重量物上げ下ろしによる腰痛リスクの増大
化学物質使用と作業者の年齢・呼吸機能	より少ない暴露で呼吸器への悪影響
高所建築作業と移民労働者とのコミュニケーション不足	安全情報が共有されず墜落事故のリスク増加
長時間の運転労働と過密勤務	疲労蓄積による運転エラーリスク増加
夜間の医療労働と休養不足	判断ミスの増加と医療過誤
不十分な照明下での反復入力作業	入力ミスと頸肩腕障害
外食産業における業務配分の偏りと過密な作業	情報の共有不足と蓄積疲労
農業における炎天下での野外作業と農薬散布	農薬暴露の増大と中毒のリスク

表 12　複合的に作用するリスク要因とその結果例

がいきます。あるいは建設現場であれば、高所から落ちてくる物から身を守る安全帽（ヘルメット）着用は絶対に守らなくてはいけません。そのための手順の確認などに注意が向くでしょう。しかし、そうした規定順守を強調するだけに終わらずに、視点を広げて、包括的予防策に取り組むためには何をなすべきか、考える必要があります。

毎日の職場で目につく、安全と健康に対する重大な危害要因への対策を徹底させようと目を光らせることはもちろん大切ですが、しかしそのことで、重量物の扱いや作業のしやすさ、あるいは機械使用の安全、職場環境対策、チームワークがうまくとれているかどうか、考えなければいけないのです。そしてストレス対策も忘れてはいけません。

職場に存在する多様なリスク全般への目配りがおろそかになってはいけません。むしろ参加型改善を推進して包括的な改善ポイント全般に全員が常に目配りする習慣がつくと、逆に個別の単一要因リスク対策にも現場から積極的に改善提案が出るようになるというのが、これまでの経験が教えるところなのです。

ここで改めて複合リスクについて考えてみたいと思います。表12に複合リスクの実際例を示しました。繁忙期における重量物の取り扱いや、勤務中の業務分担、過密勤務、不十分な照明下での反復入力など、よく見聞きする事例を挙げました。

たとえば同じ化学物質を使用していても、中高年労働者で肺機能が弱くなっている労働者では、少ない量の暴露でも呼吸器に悪影響が出ることがあります。同じように安全運転の作業手順や注意喚起をしていても、前日の深夜勤務で疲労が蓄積していれば、運転中にエラーが起こる確率は高くなります。作業場面の移り変わりに沿った幅広い協力が、いずれも必要になります。

表12では、分かりやすいように二つの要因の複合作用の例を出していますが、三つあるいはそれ以上の要因が関連していることも多々あります。現実の労働災害や職業病の発生、あるいはその徴候やニアミスの経験は多くの場合、こうした多数の要因が複合して作用します。そして、その予防のためには普段から参加型で、継続して関連する複合リスク要因の洗い出しを繰り返す、「包括的」な予防策がぜひ必要です。

その上で、安全と健康に対する危害要因への対策を進めるために労働者個々のニーズに目を向けることも重要となります。わが国でますます対策が求められている中高年労働者の安全と健康のニーズは、その例です。多くの国で中高年労働者への支援が重要課題ですが、アジアの途上国では若年労働者へのサポートにも力点が置かれています。実際、先進工業国の統計を見ると、むしろ若年者の方の労働災害率が高いのです。見落としてはならないポイントです。

女性労働者への支援対策も重要課題です。日本産業衛生学会では、「働く女性の健康確保を支援するために」（政策法制度審議会）と題したガイドラインを二〇一八年に発行しています。

いろいろなポイントがありますが、たとえば職業病としての頸肩腕障害や腰痛です。頸肩腕障害は一九五〇～一九七〇年代にはキーパンチャーやタイピストなど機器の反復操作を行う業種に蔓延した病気でしたが、今日ではさまざまな職種に広がっているのです。一方、休業四日以上の腰痛の件数を調べたところ、近年、高齢者・障害者介護や、保育や、医療の現場で働く女性たちに、右肩上がりで上昇しているのです。こうした職場は確かに女性の労働者が占める割合が多いことで知られています。職場ごとの実情に見合った取り組みがぜひ必要です。

次に、製造業や情報技術業の企業を対象に行った調査では、男性の方が女性にくらべて一週間の残業時間が多い傾向にあるものの、女性労働者の疲労度は男性のそれよりはるかに高い結果を示したのです。その理由はというと、家庭における家事育児介護時間が女性は男性より平日で約九五分多く、休日で約一三三分多いからです。男女平等と口ではいっても、家事育児介護における負担はまだまだ女性が主に担っていることを示しています。

「ワークライフバランス」という言葉があって、仕事と生活のバランスをとるのが大切という意味を「再考」させる言葉として使われています。すなわち「働くすべての人は、『仕事』と育児や介護、趣味や学習、休養、地域活動といった『仕事以外の生活』との調和をとり、その両方を充実させる働き方・生き方」が望まれるというのです。

続いては、外国人労働者のニーズへの対応を考えてみます。日本国内の外国人労働者は増加傾向にあり、その多くが製造業や、小規模事業場で働いています。日頃から十分なコミュニケーションがとれているのか、その希望や考えを聞けているのか、心配なところです。

首都圏にある、ガラスリサイクル業の従業員五〇人未満の事業所の例を紹介します。従業員の八割以上はアジア・アフリカからの外国人労働者が占め、機械操作に伴うケガなどの労働災害が多く発生する職場として知られていました。そこで、先に「日本への逆輸入が始まった」という節で紹介した東京労働安全衛生センターの技術支援のもとで、参加型職場改善が適用できないか、自主的な取り組みを開始しました。二〇一〇年代の初めの頃でした。

まず資料づくりからです。外国人労働者に理解してもらえるよう、やさしい日本語で書いたものを、複数の言語に翻訳しました。同種の企業を参考にした良好事例で低コスト策を集めます。改善提案用のアクションチェックリストや良好事例の提示には、イラストや写真を使います。

二時間ほどのワークショップを計三回開催し、各回で出席可能な外国人労働者と安全衛生推進者がともに参加、それぞれの外国人労働者がどれかの回には参加してもらうようにして、全員の参加を果たしたのです。集まったグループごとに職場の良い点と改善策を各人が意見を発表して討議し、その場でグループとして採用すべき改善策を決めます。

結果、各グループそれぞれ十数件の改善策がそろい、実施できるところから実行に移します。ヘルメットなどの置き場が決まり、危険物にはそれを知らせる表示《マーク》を置き、曲がり角にガードを設置するなど、目に見える改善で職場が変わります。その変化は外国人労働者自身の発案によるものなのです。問題点を専門家から指摘されたのではなく、自らが解決策を提案しそれがかたちになったという点が大きいのです。ワークショップ研修前の六ヵ月間の災害発生数が四件（延べ休業日数二〇日間）であったのに対して、研修後六ヵ月間の災害発生数はなかったと報告を受けています。

多様化する職場環境ニーズのもとで、参加型活動に基づく対策の進展が職場の活性化にもなり、さらに職場のコミュニケーションが良くなるはずです。異文化を背景とする労働者のニーズへの対応も、これから多くの職場にとって重要課題となるでしょう。

こうした対策を進める上で忘れてはならないのは、ある個人を特定して、その人の負担対策やストレス対策を課題とするのではなく、職場全体の包括的な取り組みの中で作業の流れを見直し、全体と共に個々のニーズが満たされていくように取り組みを進めることです。その意味でも、参加型で現場リスク対策を進めると、職場に内在するリスクに対して自然と包括的に取り組みが進み、個々の労働者のニーズを満たすことにつながっていきます。

継続する複合リスク予防への取り組み

参加型で包括的な取り組みを行うことで、複合リスクに目が向き、安全と健康面の改善が多面的に進むことをアジアの多くの小規模職場で確認してきました。その場合、途上国が先進国からの技術移転のかたちで学んで導入するという構図ではないようです。

ここまで見てきたように、アジアの小規模職場改善のために始まった参加型改善方式が、日本のさまざまな職場慣行の中にすんなりと入り込み、広がっていったのはたいへん興味深い点です。メンタルヘルスの一次予防策を求める動きと、社内の安全と健康を守ろうとする改善策を決めるために労使の直接参加を求める動きが、日本の職場のニーズに合致したからだという意見があります。

業種を問わず、労使の自主的な対応とその地元の良好例に学んでの改善アイデアが重要で、継続的改善活動の基盤となる職場の「予防的安全保健文化」が醸成されていきます。

多くの産業現場で、参加型の取り組みをさらに継続し発展させていくための仕組みや職場の組織作りも進んでいます。まずは安全衛生委員会の活動の活性化がよく行われています。小規模職場ではまだ組織されていない場合も多いとみられますが、そうした職場内の委員会活動の利点は注目されてきています。法的に必要かどうかということだけではなく、労使の合意で組織されれば、参加型の取り組みが継続して行われていくベースとなり、生産性の向上や企業としてのビジネスの改善全般にわたってよい効果をもたらします。アジア各国の進展からも、そのことを確か

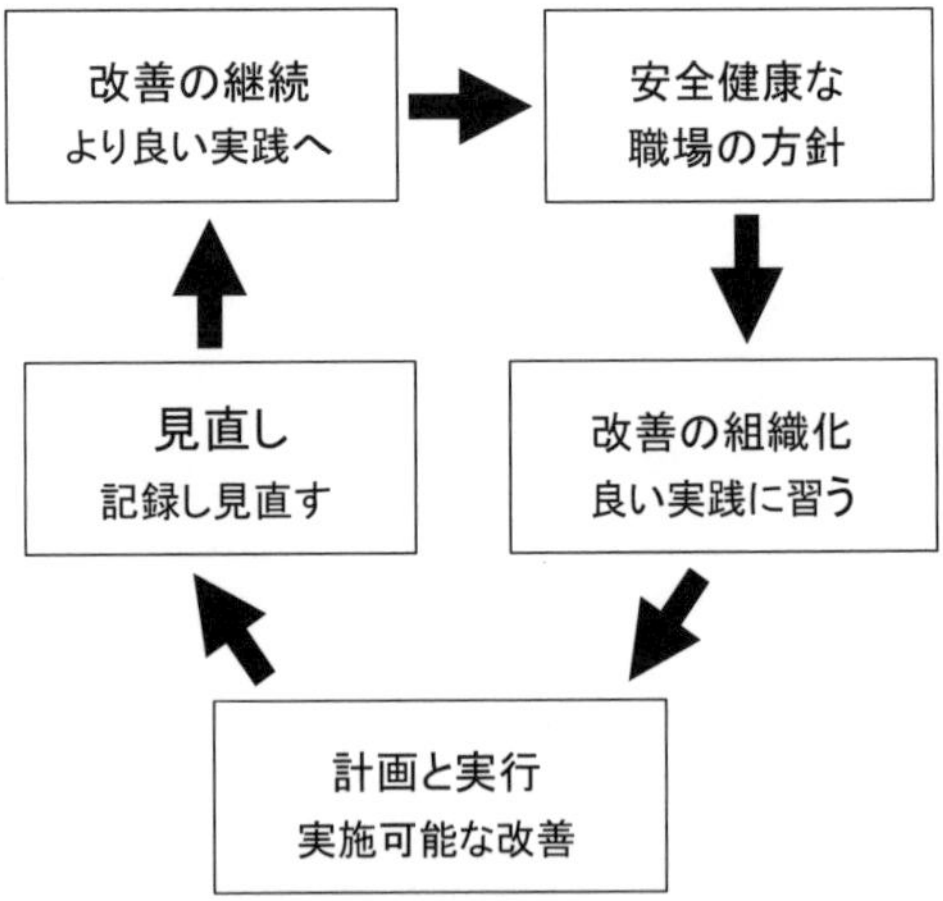

図12　参加型職場環境改善に取り組みやすい
定期的な安全健康活動の進め方

めることができます。

安全衛生委員会がある職場では、その活動の核として参加型活動を組みこみ実施することが勧められます。多くの小規模職場で実践してきた点です。具体的には月に一度、安全衛生委員会を開催する際に、委員全員でアクションチェックリストを使いながら職場を歩き、作業者の意見を聞く活動がまず基本です。

一度の委員会活動時間内で回りきれない場合は、次回以降に分けてもよいと思われます。いつも見慣れたと感じている職場でも、アクションチェックリストを参照しながら職場の同僚と共にフレッシュな目で見れば、前回の訪問時には気づかなかった会社の強みと改善ポイントに気づきます。

また一ヵ月の間に変化した作業手順や、人の配置が変わったり、あるいは新しい生産機械が導入され仕事の内容が変わっている場合もあり、定期開催の意義は、確かに認められます。

中小事業場の場合も安全衛生週間などのイベントに参加しての活動、労使が協力しての職場巡視や作業環境測定などの活動、あるいは産業保健専門職からの講話などが、よく取り組まれます。

参加型の活動は、図12に示したような定期的な事業場内の安全保健活動に組み込みやすく、こうした定期的な流れに参加型の活動を恒常的に取り入れることで、各部門からの声や意見を合わせてさらに対策を進めることができます。このように定期的な安全健康活動の中で参加型に取り組む具体的な進め方は、業種によっても、またそれぞれの事業場の経営方針や実績によってさまざまですが、良い実践に学んで改善の内容を職場内で討議して期限内に改善策を実行に移していくステップは共通しています。

参加型改善では、日常の業務運営とは別の、自由な雰囲気での職場内検討会で良い実践かどうか話し合い、改善内容を決めていく手順がいつも分かりよく、提案し合意して進めやすいという利点につながります。したがって、ストレス対策などを含む包括的予防の取り組みに参加型活動を入れ込むのは、むしろさまざまな職場で企画しやすい経験が知られています。参加型の対話による進め方を導入した職場では何年にもわたって改善活動が続きやすいことが、そうした分かりやすいシンプルな手順の普及しやすさを物語っています。

参加型改善手順を導入した職場の次の取り組みとして、「産業安全保健マネジメントシステム」に組み上げることができれば、継続的な取り組みを進める上で大きな利点となります。経営体として積極的に取り組む方針をはっきりさせることはぜひ必要ですが、参加型の取り組みがすでに始まっている職場では、その期ごとの計画と実施に手がついていると見ることができます。また二つめの要素である組織化もすでに始まっているといえるでしょう。こうした実践経験に基づいて心理・社会的要因対策を含めて安全で健康な職場づくりの方針をみんなで検討して職場内の対話につなげる視点、あるいはすでに始まっている参加型リスク改善活動をどう広げていくかという視点で、マネジメントシステムを組み上げていくことが期待されます。

常に変化する産業の現場で、複合的な産業安全健康リスクに取り組むことの重要性は、多くの職場ですでに受け入れられています。労使参加型でみんなの経験や改善アイデアを常に呼びかけるように進めることで、参加型改善の取り組みはシンプルに活用でき、成果を生み出します。そのための小規模職場を含めた支援体制が欠かせません、業種別のたくさんの取り組み経験が、こうした組織的な進め方がとてもメリットがあることを示しています。

第四章　共通する参加型職場改善の特徴

職場内の対話を起点にする

参加型職場改善がなぜアジアの途上国でこれほど普及し、日本国内でも進展したのでしょうか。現場の当事者こそが最も職場の問題点を知っているとして、改善を行う主体を職場労使とし、その対話を促すことを改善の「起点」としたことがまず挙げられます。職場を良くしていこうというイニシアティブがとても上がるのです。

これまでの職場環境を改善していく方法では、その道の専門家が職場内の安全健康リスクの性質や程度を評価し、それに基づくリスク低減方法を科学的な根拠や技術的な対策を考慮して検討し、実施されてきたのです。この場合は、そうした報告を受けた事業主や経営者が、現場に策をほどこすことになります。あるいは、現場で働く労働者の中から安全衛生担当者を選任し、その担当者が専門家との窓口となってきました。また別な形としては、労働組合の労務担当者が職場の意見の窓口となり、職業病など健康面の対策を事業主と相談してきました。こうした形が現実に効果と実績を上げてきたのですから、これまでのやり方を一概に否認するものではありません。

参加型活動の場合は、職場のさまざまなリスクを厳密に細かく評価してから動くのではなく、現場に「いまここに」認められる「対処すべき」リスクは何かを探し出し、すぐにできる対策を講じていく、より柔軟なリスク低減の進め方を採用しようというものです。それを、職場労使の対話によって実践していく方法をとったのです。

対話方式で改善策を決めていく上で重要だったのが、具体的な改善の進め方が周囲の人たちにとてもよく見えるという点です。自分たちの力ですぐに改善策がとられるのですから、「明日」からの仕事が変わることを意味しています。これは働く意欲にもつながります。自分たちの仕事の中身や仕事まわりの環境を見る「眼」が鋭敏になり、違ってきます。職場環境の改善を経験することは、次の改善に向けた「種や肥料」になります。自分ひとりでなく、周りの仲間と一緒に成長していきます。お互いが刺激しあい、成長の「糧《かて》」になるのです。

低コストでの改善は資金的負担が少ないので、事業主にはメリットが感じられます。こんなに少ない資金負担でこれだけ変われる、その思いは労使に相通じるものです。次回はどんな対策や改善策を実施していこうか、労使の対話にも熱がこもってきます。周りの企業ではどんな改善事例があるのか、同業種の他社ではどんなことを実施したのか、情報収集にとても熱心となります。日頃からの会話にも職場の話題が絶えません。職場環境を視る「眼」が育ってくるのです。

一般に「リスク」とは不確定なもので、マイナスのイメージでとらえられがちです。しかしそれは誤りで、「リスクがそこにあることを感じ取る力」は、職場の現状を変える力《パワー》を秘めたものなのです。「職場の対応力」に根拠をおく参加型職場改善のアプローチは、現場アクション重視のリスク管理手法が国際的に注目されてきた事情とよく見合っています。労使の対話をもとに職場環境改善に取り組む進め方は、「職場の自主対応」と労働者参加を重視する国際的な潮流とも合致します。

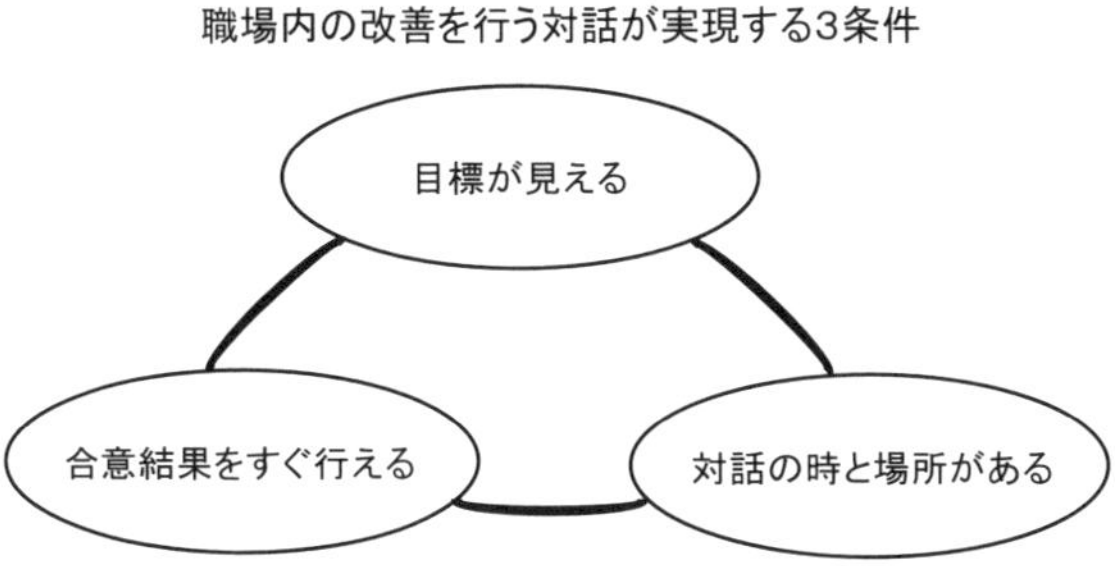

図13　多様な小規模職場で改善目標の対話が進む条件

職場内での改善を行うための対話を可能とした三つの条件を、図13に示します。

第一の、目標が「見える化」されていることは、特に重要です。仲間どうしが次に行動を起こす原点となるからです。同じような職場条件での具体的な改善事例を知ることも、この「見える化」に当たります。第二の、対話の時間と場所が設定されていることは、短時間の話し合いで改善にすぐ取り組むとの了解が対話の意欲につながり、良いことです。第三の、合意した内容がすぐ実施されると思うことは、対話が現実の結果として結実できるという意義に結びつきます。普段からコミュニケーションをよくとっている仲間たちによる対話を基盤にすることで、見える目標にすぐ取り組めます。

良好事例に学ぶ改善目標

「見える化」に実際に役立つのが、地元あるいは同じ業種での改善良好実例を写真に撮って示すことです。写真には、短く分かりやすい表現で説明が添えられています。そのことで、どんな変更点なのか、瞬時に理解されます。事例写真と説明文はセットになっていて、こうした「見える化」の工夫は今も一般に行われています。最近は、職場環境条件の中に心理・社会的要因としてストレス対策項目が加わっていますが、そうした場合にも事例写真を添えるのが普通になっています。

良好事例写真と同様に目標の「見える化」に役立っているのがイラストの活用です。業種別の良好事例を示すのには現場写真が最も有力な証拠であり、よい事例集となるのですが、現場で行われた改善の手法を分かりやすく見せるには、改善後の様子をイラストで示したほうが分かりやすく効果的なこともあります。イラストは、改善策を行っている現場写真をもとに作画したもので、実際に行われた改善策を示すので、同様の効果を得たい職場に容易に理解されます。

もう一点、参加型職場改善が普及し始めた当初から採用していることは、良好事例を「改善アクション」の形式で表現して解説することです。どの職種でも重要な「資材取り扱い」の領域であれば、たとえば、保管棚の写真またはイラストに「多段の保管棚を設ける」との改善アクションを付けます。また荷物を台車で運搬する写真またはイラストに「手押しカートを用いる」といった改善アクションを付けます。この二つの例のようにアクションを「動詞」の形式で表すことがあります。参加型改善を行うときに常に求められる鉄則は、簡単でシンプルな提案でなくてはいけないということです。

改善方法を示すとき、良い事例を伝えるものなので、「見分けやすいラベル」とか「便利で清潔な飲み水」とか「容器の安全な保管」といった例のように「名詞」で説明する場合もあります。参加者にイメージしやすい、理解しやすい表現であるべきです。こうしたアクションを示す表現は、使用する言語によって少しニュアンスが異なることがあります。

たとえば英語では、動詞をシンプルに命令形にして説明に使うこともあります。その点、日本語の語順では一般に動詞は文章の最後のほうに来ますから、同じことを説明しようとしても形が少し違ってくることがあります。使う言語で差は出てきますが、最もシンプルで伝わりやすい表現でアクションを伝えること、この点を覚えておいてください。

「アクションチェックリスト」の分かりやすい効用

改善アクションをリスト化した「アクションチェックリスト」は、参加型職場改善の普及にとってとても重要なツールです。各種のトレーニングでは欠かせないものです。「アクションチェックリスト」では「これが必要」とか「望ましい状態」をその「アクション」を示す短文に写真かイラストを添えて相手に示すので、通常のチェックリストのように相手に「疑問文」で問いかけ答えを選ばせるものとは、大きくその点が異なります。

7. 肘の高さかその少し下方で作業します。 この対策を提案しますか？ □いいえ　□はい　□優先 備考：＿＿＿＿＿＿＿＿＿＿	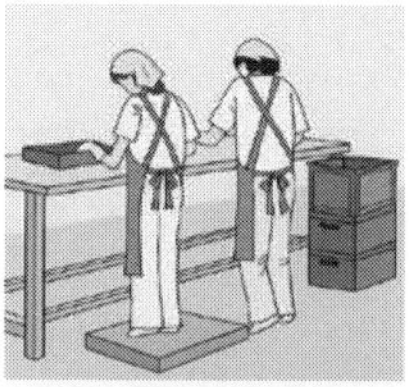
15. 天窓、高窓を設け、窓をきれいに保ちます。 この対策を提案しますか？ □いいえ　□はい　□優先 備考：＿＿＿＿＿＿＿＿＿＿	
20. よい座席と飲料水を備えた休憩施設を設けます。 この対策を提案しますか？ □いいえ　□はい　□優先 備考：＿＿＿＿＿＿＿＿＿＿	
22. 各階と大きな部屋に2つ以上の出入り口を設けます。 この対策を提案しますか？ □いいえ　□はい　□優先 備考：＿＿＿＿＿＿＿＿＿＿	

図14　現場条件でとりやすい改善アクションのチェック項目例

その上で、改善アクションを「提案するか」『提案しないか」を記入するものです。参加型改善で使われる「アクションチェックリスト」の実例を、図14にお見せします。順番に番号を振って、当該の職場で検討するとよい「アクション事例」がイラスト付きで述べられ、「この対策を提案しますか？」と疑問文が付されていることを確認ください。

重要な点はその次です。「いいえ」か「はい」のいずれかにチェックを記入するようになっています。

「いいえ」への記入はその対策を提案しないとの判断に当たり、そのアクションがすでに現場にとられているか、この職場では特に取り上げなくてよいとの記入意味になります。その項目をリスク対策に採用しなくとも、現状の職場にそれに見合うリスク対策がすでにとられていると判断するときは、その該当アクションを「良い事例」として認めていることになります。

「はい」への記入はその対策をとる必要、つまり追加のリスク低減策が望ましいと判断するということです。この職場の改善アクションとして提案したい対策に入れるという記入意味になります。現状の職場には必要で望ましいアクションとして提案する候補に入れたことになります。

次に「優先」の記入欄があることに注目してください。参加型改善で使う提案用チェックリストのもうひとつの特徴だからです。「はい」にチェックを記入した項目群の中で、特に取り上げてほしい項目をいくつか選んで「優先」欄にチェックを記入するのです。改善アクションとして提案するかどうかの記入なので、こうした判断は、やりやすくなっています。

「アクションチェックリスト」を使うのは、職場の現状の「合否」を判定するわけではありません。アクションを「提案するかどうか」を記入するので、それだけ使いやすくなっていると述べました。現状のリスク度合いの判定を要求される「合否」判定と比べて、記入者の経験と自前の考えで答えてよいので、心理的負担ははるかに少なく、また職場条件の向上に貢献していきたい立場での「当面の提案」を行うことなのです。たとえ「いいえ」にチェックを入れたとしても、いまその対策が職場の努力で一応達成されているという判断をしているので、職場条件向上への参画態度は十分に現れていることになります。「アクションチェックリスト」が職場で使いやすいという意味がこの点にあるのです。職場条件向上に自分も参加しているという自覚が生まれ、もっとしっかりやろうとする促進効果につながります。参加した人は、みんな真剣です、これで良くなるかどうかが決まるのですから。

各人が「優先」項目をいくつかに限定してあらかじめ選んでおくことにより、チェックリスト記入後に行うグループ討議で、その職場ですぐに改善する点の討議を行いやすくします。このグループ討議では、チェックリスト項目に含まれていない改善策も自由に新しく提案していくことが、普通に行われます。その際も記入結果で、「優先」項目をいくつか指摘しておくことが討議に役立ちます。

「アクションチェックリスト」を用いるのは、職場内の対話を促進する効果を目的にしていることに注目したいと思います。それが、参加型改善が多くの業種へ普及する上で大きく貢献してきたからです。この意味で、「アクションチェックリスト」は、アクション候補リストになっています。参加者が「アクションチェックリスト」を用いて職場を見回り、職場条件を討議することにより、職場の良い点と改善点に注意が向けられ、現状ですぐ行うと役立つアクションへと対話が自然に向かうようになります。こうした対話促進効果を持つゆえに、「アクションチェックリスト」が、幅広い技術領域にわたる職場のリスクを取り上げるよう構成されてきた点に注目したいと思います。

資材取り扱い、ワークステーション、機器の安全、作業場環境、そして福利設備、作業編成にまで及ぶ六つの技術領域でした。安全と健康のリスクと一口に言っても、機械や化学物質の安全性だけではないのです、そこで人が動き、働いているのですから、疲労や休憩時間、飲み水やトイレの問題が入ってくるのは当然のことなのです。たくさんの領域を取り上げる点に、「アクションチェックリスト」の重要な効用があることが確かめられてきました。

たくさんの領域を取り上げる利点は、以下に述べる二点にあることは、特に重要です。

第一の利点は、職場内の作業負担、作業のしやすさ、作業場環境、福利設備、作業編成など、広い視野で職場を見ることで、大事な点を見落とすことを防ぐことができます。多くの領域にわたる対策をリスト化する「アクションチェックリスト」を使う利点がこれです。

ただし、「アクションチェックリスト」のもうひとつの要件として、使いやすく、後の討議・対話に利用しやすいという条件のためには、項目数が適切な範囲に収まっていることがぜひ必要です。多年にわたる経験から使いやすい項目数は、二〇項目程度から多くても四〇項目以内、できたら、三〇項目内外に収まっていてほしいのです。

この二つの矛盾する両面をにらみ、アクションを限定して選ぶことになります。さまざまな業種で実践した経験から、低コストの改善アクションを領域ごとに数項目ずつ選ぶことが有効と認められています。そのことが、同じ領域の他のアクションにも目を向けやすくします。

第二の利点は、多くの領域をカバーする「アクションチェックリスト」によって、対象とする職場で、すぐに実施したいアクションを複数、提案しやすくなる点です。どの職場でも安全健康リスクは多様に存在し、対策も多岐にわたるのが通例ですから、対策の視点を広げることで、すぐ実施できるアクションを提案しやすくします。

参考までに「アクションチェックリスト」の一例を、表13に挙げておきます。参加型改善のトレーナー研修で用いた二二項目の例です。全項目について「いいえ」か「はい」を記入し、「はい」とチェックした項目のなかから特に推奨したいものに「優先」欄のチェックを入れることは、先に説明した通りです。

この例にあるように、改善アクションを技術領域別に数項目ずつ示し、職場にどれを提案するか記入するのですが、項目に写真やイラストでアクション例を分かりやすく示してあるということも、前にお話ししました。

実際には、参加者はこのリストに載せられているアクションだけでなく、参加者の体験や考え

	職場改善アクション項目	提案しますか？
保管と運搬	1. 通路をマークして、区分します	□いいえ □はい □優先
	2. 材料を多段の棚に保管します	□いいえ □はい □優先
	3. 工具の置き場をきめておきます	□いいえ □はい □優先
	4. 材料を運ぶ台車/車つきラックを使います	□いいえ □はい □優先
	5. 重量物/容器に持ち易い取っ手をつけます	□いいえ □はい □優先
ワークステーション	6. 作業面の高さを肘の高さにします	□いいえ □はい □優先
	7. 高さを調節できるいすを備えます	□いいえ □はい □優先
	8. 座位と立位を交互に変えて作業します	□いいえ □はい □優先
	9. 材料/半製品を治具・固定装置で保持します	□いいえ □はい □優先
	10. 単調な作業を他の作業と組み合わせます	□いいえ □はい □優先
	11. 見やすいラベル表示を備えます	□いいえ □はい □優先
作業場環境	12. 精密作業に局所照明を用います	□いいえ □はい □優先
	13. 動力伝達部や危険箇所を防護します	□いいえ □はい □優先
	14. 騒音・振動源を隔離します	□いいえ □はい □優先
	15. 作業に使用する有害物を減らします	□いいえ □はい □優先
	16. 排気ダクトで有害物を排出します	□いいえ □はい □優先
	17. 衝立などで有害光線や熱を遮断します	□いいえ □はい □優先
福利設備	18. 快適な休息場所をそなえます	□いいえ □はい □優先
	19. 清潔な手洗い場、トイレ、飲み水を備えます	□いいえ □はい □優先
作業編成	20. 出来上がり分の緩衝ストックを設けます	□いいえ □はい □優先
	21. 作業中に小休止するゆとりをつくります	□いいえ □はい □優先
	22. 作業者が参加してトレーニングを企画します	□いいえ □はい □優先

表13　職場改善アクションチェックリストの例

をもとに、低コストですぐ応用できることを条件に、リストに挙げられていないアクションを提案してもいいのです。そのため思い浮かべやすいように、広く技術領域を取り上げ、参加者の経験と知識を「触発」するような分かりやすいアクション例を少数ずつ挙げているのです。

　つまり、「アクションチェックリスト」は、単なる現状分析のためのツールではなく、アクション指向で対話を促すためのツールなのです。

多くの業種で「アクションチェックリスト」を作成して改善トレーニングに応用してきた経緯から、それぞれの現地条件と業種に合わせて項目を設定するようになっています。それでも業種が異なっても、改善の原理には共通点が多いのです。その理由は、後でも詳しく取り上げますが、「人間工学」的な原理に基づくものが多いからです。

たとえば表13の項目1を見てみましょう。「通路をマークして、区分します」とありますが、その理由は「どこが通路か分かるように通路と作業場の間にマークをつけて区分しないと、通路に資材や運搬物や廃棄物などが置かれることがあって事故や怪我につながる」からです。次に、項目6「作業面の高さを肘の高さにします」の理由は、「手による作業が正しい高さにあれば、効率的な作業となり、疲労を減らす」からです。同様に、項目12「精密作業に局所照明を用います」の理由も、精密作業や点検作業では、「適切に配置した局所照明が安全向上と効率の向上につながる」からです。項目14「騒音・振動源を隔離します」は、「機械が発生する高レベルの騒音は聴覚に有害なので隔離するか、カバーでおおうか、あるいは耳の保護具によって耳を保護するか」対策を立てる必要があります。そして、「振動は筋肉と関節に障害をもたらし、血液循環に有害な影響を与える」ことから、対策をとる必要があります。

こうしたアクション例別にその理由を人間工学の立場から解説したのが、「人間工学チェックポイント」（日本訳あり）なのです。

そのため、業種が異なっても基本的な項目は類似しているのです。したがって、すでに使われている「アクションチェックリスト」が手元にあれば、それを参考にして、比較的容易に、いま想定している業種に見合った「アクションチェックリスト」を作成できることが知られています。このように柔軟な設定ができるのも、参加型改善用の「アクションチェックリスト」の特徴なのです。

ここでいま皆さんとご一緒に、「アクションチェックリスト」を使って、実際の職場改善に臨むとしましょう。まず、その業種向けのリーフレットないしは簡便なマニュアルと、「アクションチェックリスト」を参加者全員に配ります。さて、スタートです。参加者は対象とする職場を一緒に回りながら、各人は「アクションチェックリスト」の「提案しますか?」の項目欄にチェックマークを入れていきます。全項目のチェックマークに記入が終われば、準備段階は終了。それをもって職場のグループ討議に参加します。グループ討議で対話するには、各人が記入した結果が役立ちます。このためにチェックリスト項目数が多すぎず、参加者の経験と知識に見合って簡便に使えるものである必要があります。「アクションチェックリスト」が簡便な構成になっているのは、この討議促進効果を主目的にしているからにほかなりません。

アクションチェックリストと解説マニュアルの併用は、ＩＬＯでも国際研修に有効と認められています。二〇一七年に「ワイズ方式グローバルマニュアル」として刊行されました。このマニュアルでも、三三項目のアクションチェックリストの活用を推奨し、各項目ごとに応用できる改善策とそのイラスト例を解説しています。

「コミュニケーション改善策」を取り入れる

参加型職場改善が多くの国ぐにに普及してきた理由のひとつが、さまざまな業種に共通する改善策に取り組みやすくしてきた点です。幅広い視野から職場をみて、現場に働く人たちが「すぐできる改善」について対話しやすくしてきた点が重要です。職場ごとの条件は確かに業種ごとに、地域ごとに異なるのですが、そこに働く人たちの「仕事する人」としての条件は、共通していることも多いのです。

仕事をする負担、周りの環境から受ける影響の現れ方が同じであることもあって、自然と対話のテーマになるのです。つまり、対話するテーマを理解しやすく取り上げやすいように整理してきたのが、広く普及した理由です。

重要なのが、職場の環境条件とそこにある危害要因リスクを広く取り上げて改善していく方針であることです。それは、「人間工学」の原理に基づくことを指摘しました。実は、「人間工学」という用語は、ギリシャ語の ergon（作業）と nomos（規範）が合体した国際用語「アーゴノミクス（ergonomics）」です。人の行う環境への働きかけである「仕事（ergon）」のあり方を学ぶ学問です。この意味で、労働現場における人間らしいあり方を、人体をシステムと捉えてその動作を検討し、労働環境も含めて改善することを目標にしています。仕事に伴う安全、健康面に加えて、仕事しやすさや心理面を含みます。したがって、人間工学の応用とは、人の働く場と仕事ぶりのシステム全体を取り上げ、人間の仕事ぶりとして理に適う姿とはどんなものかを追究し提言していくものと考えています。

たとえば、昔からある伝統的な職場での働きぶりと、今日の機械や道具に囲まれた環境のなかでの安全衛生と作業効率を天秤にかけながら広い視野から捉え直していく、人間らしい労働の諸側面、それが「人間工学チェックポイント」ではないか、と考えています。そのことは同時に、今の経済社会における人としてふさわしく働きやすい職場環境のデザインを検討することになると考えています。この意味では、人間工学の幅広い応用が労働のあり方を検討する良い基盤となります。

一方ＩＬＯは、「ディーセント・ワーク（Decent Work）」という表現を使っています。ラテン語の decens は「ふさわしい、似合う」という意味です。ディーセント・ワークは、一九九九年にＩＬＯ総会に提出されたファン・ソマビア事務局長の報告の中で初めて使われます。「権利が保障され、十分な収入を生み出し、適切な社会的保護が与えられる生産的な仕事」の意味であり、すべての人にそのような仕事があることを理想として語ったのです。このことは、「働きがいのある人間らしい仕事」を意味します。「人間らしい仕事」を実現しようとの提唱は、参加型職場改善の精神に相通じるものがあります。

たとえば二〇〇八年のＩＬＯ総会では、ディーセント・ワーク実現のための戦略的四つの目標

アクションの領域	対象業種							
	中小企業1	中小企業2	農業	建設現場	水産業	医療職場	外食サービス	自治体職場
資材取り扱い	8	6	6	9	4	1	3	3
ワークステーション	6	6	6	6	6	2	2	3
機械の安全	7	4	5	7	5	1	1	3
作業場環境	11	6	6	11	7	3	6	6
福利設備	8	4	6	7	2	1	2	2
作業編成	3	3	3	3	2	2	3	3
コミュニケーション						7	3	4
緊急時への備え	2	1	10	5	2	4	2	3
その他						9		3
合計	45	30	42	48	28	30	22	30

表14　普及してきた業種別アクションチェックリストの項目比較

が掲げられました。四つの目標の第一は「仕事の創出、必要な技能を身につけ、働いて生計が立てられるように国や企業が仕事を作り出すことを支援」、第二は「社会的保護の拡充、安全で健康的に働ける職場を確保し、生産性も向上する環境の整備。社会保障の充実」、第三は「社会的対話の推進、職場での問題や紛争を平和的に解決し、政労使の話し合いの促進」、そして第四は「仕事における権利の保障、不利な立場に置かれて働く人びとをなくすため、労働者の権利の保障、尊重」であり、ジェンダー平等は、横断的目標であり、すべての戦略目標と関わっていると述べたのです。

先に、多くの業種において改善策を掲載する「アクションチェックリスト」の項目が共通しているところがあると述べましたが、業種別にその技術領域を比較した表14を示します。業種が異なっても、改善アクションの技術領域はよく似ていることが読み取れます。

この項目比較表を見ると、「医療職場」「外食サービス」「自治体職場」などでは、コミュニケーションに関する項目が増えていることに気づきます。追加された項目の中身を見ていくと、職場内のコミュニケーションを密にする、相互支援の機会の提供、社員が新しい技能を学ぶ機会の提供、緊急時への対応、迅速な避難を確保するための対策など、でした。こうした場合でも、アクション項目数の合計は増やさないように調整していることが伺われます。残った項目に見ると、照明や換気、有害要因対策、休憩などは残っています。広域にわたるアクションを保ちつつ、安全と健康への配慮は残しているのです。

コミュニケーション改善策の追加は、ＯＡ機器への対応、インターネットの普及などともみながら、職場ストレス、過労条件への対策、メンタルヘルス対策などが考慮されているのです。こうした情報化社会への対応は、製造業、農業や水産業、建設業でも免れませんから、現在では、各業種別のアクションチェクリストにこれらの項目が追加されています。

さらに医療介護の現場や、宅配サービスが増えた外食産業でも、さらに新しいコミュニケーションへの対応が迫られ、「アクションチェックリスト」の見直しが進行中です。

そこで、イラストを使った「アクションチェックリスト」の実例を、比較のために以下の四つの業種で見ていきましょう。四つの業種は①中小企業、②家内工業、③新型感染予防、④医療介護職場、です。**口絵3**に示します。

それぞれのイラスト群は、①「中小企業」ＩＬＯの「ワイズ方式グローバルマニュアル」のなかのアクションチェックリストから六例、②「家内工業」ILOアジア太平洋総局編のマニュアルにある六例、③「新型感染予防」二〇〇九年新型インフルエンザ対策用・国際版「中小企業における新型インフルエンザ対策アクションマニュアル」の中の六例、④「医療介護職場」日本の人類働態学会が国際人間工学会と協力して開発した「医療職場の人間工学チェックポイント」から六例、です。それぞれ対象とする業種の現場条件に合わせ、工夫して分かりやすいイラストを作成しています。

イラストで示されるアクション例から、職場の活発な対話が聞こえてくるようです。職場における改善計画への合意は、イラストの分かりやすさが支えているのです。

新型コロナ感染症対策

二〇二〇年から世界に蔓延した新型コロナ感染症は、感染症対策に大きなインパクトを与えました。アジア・アフリカ・中東、ロシアから中国・韓国・日本、欧米・カナダ、中南米諸国、オーストラリア・オセアニア地域、どこの地域でも、新型コロナ感染症に対し急ピッチな対応に追われたのです。それまであった感染予防対策、感染症対策の指針、マニュアルが世界のあらゆる所でフル稼働したのでした。世界のあらゆる企業や病院、学校や福祉施設、食堂・レストラン、スーパーや商店など、感染症対策、消毒と清潔の維持、ワクチン、医療体制の整備、職場勤務の見直しとテレワークの導入など、すべきことは山ほどあったのです。空港や港での検疫・検査、入国の規制なども検討されました。

ここでは職場での感染症対策に話を絞ってお話ししましょう。産業医の役割がどの国でも注目されました。国内では、日本産業衛生学会が日本渡航医学会と共同で作成した「職域のための新型コロナウイルス感染症対策ガイド」を公開します。アジアの各国でも「職場における感染予防対策」がオープンにされ、行動指針を発表します。とりわけ、職務中の三密（密閉、密集、密接）の回避策、出勤と在宅、勤務時間の調整を含む勤務体制見直し、職場の安全維持策・感染予防策の徹底が漏れることなくすべての職場に徹底指示されなくてはいけません。

二〇二〇年、流行して猛威をふるう新型コロナ感染症に対して、インドおよびパキスタンの政労使からＩＬＯのニューデリーチームに協力要請が舞い込みます。職場における感染予防を労使が進めるためトレーニングを行ってほしいとの依頼です。しかし、新型コロナウイルスが強い感染力を示す中で、対面でのトレーニングは厳しいと判断しました。そこで、インターネットによる「オンライン参加型トレーニング」を実施することになりました。

まずアジア地域内の専門家ネットワークに協力依頼し、各地ですでに実施されている好事例写真を集めてもらいました。さらに過去のＩＬＯのプロジェクトを洗い出し、また参加企業にも「好事例写真」がないか、問い合わせを行いました。このとき、二〇〇九年に作成の「新型感染症予防アクションチェックリスト」がとても参考になりました。集まった写真や資料から、表15に示す、四つのポイントに絞って提示することにしました。

項目	主な内容
(1)フィジカル・ディスタンス（距離の確保）	作業場・会議室・休憩室・食堂などにおける労働者間の距離の確保、通路の一方通行、透明バリアの使用、グループに分け密接にならないよう作業時間を調節、可能なかぎりテレワーク推進、ドライバーやデリバリー担当者への教育
(2)衛生手段の実施	手洗い場所の確保、正しい手洗いの方法、消毒液、マスクの正しい着用、多くの作業者が触れる場所の消毒、換気
(3)症状の自己チェック	自己チェックと報告、有症状者の自宅待機、雇用確保、病休者・自宅待機者とのコミュニケーション
(4)労使協力によるリスクアセスメント	密接し易い作業場・時間帯の同定、労使協力による改善案の作成

表15 アジア地域専門家ネットワークの集めた好事例写真

(1)のフィジカル・ディスタンス（距離の確保）ですが、どの職場でも感染予防策としてまず優先的に取り上げられた措置で、互いの距離の確保、通路の一方通行、透明バリアを設置するなどして、密にならないよう作業時間を調整したり、テレワークを推進したのです。(2)の手洗いの励行、消毒液の使用、マスクの着用、消毒や換気はよく普及した対策です。これらに比べると、(3)の症状の自己チェックは毎日やるべきです。症状が出た人は自宅待機として、それによる職場の応援体制を考えておくべきで、自宅待機者との連絡のとり方も考える必要があります。

注目されるのは、(4)のリスク管理の問題です。「密」になりやすい職場がどこか、「密」になる時間帯と場所への包括的リスク管理です。当面すぐ必要な(1)、(2)、(3)の対策をとりながら、労使協力で改善案を作成します。

こうした緊急の感染症対策は、国内の産業現場でも全国的に広く取り上げられ、中小事業場を含め、統一した予防策として普及しました。事業場のリスク管理が大切という認識が深まりました。

「オンライントレーニング」でも進展があり、現場からたくさんの質問をオンラインで受けました。職場が「密」にならないよう作業場をどうデザインするか、従業員の時差出勤以外の方法があるか教えてほしい、市販マスクではどんなタイプがいいか、予備をどれだけ持つか、マスクの消毒・洗濯方法とマスクの寿命を教えてくださいといった質問です。トイレ、食堂や休憩所の消毒の仕方、コロナにかかったときに服用すべき薬の種類とその入手方法、症状がある人に近づいた場合の感染リスク、公共機関のバスや鉄道での感染リスク、マスクをしないで乗り物に乗ってくる人についての質問がありました。

オンライントレーニングには、大企業・中小企業のみならず、家内労働者、ＮＧＯ（非政府組織）の市民団体などが参加してきました。コロナ禍以前に実施したプロジェクトで築かれた政労使のネットワークが生き、好事例写真やイラストが事前に集まったため、参加者にも内容がよく理解できたようです。「解説用スライド」を見やすくまとめインドでよく使われるアプリで参加者に配信、受け取った人はそれを同僚や友人に配信して広がりました。携帯電話のない人も職場の同僚から情報をもらったりして共有されたのです。

「オンライン参加型トレーニング」の後、パキスタンおよびインドの参加者・企業から、その後に実施した改善事例写真が一〇〇枚近く送られてきました。コロナ禍で次善の策として実施した「オンライントレーニング」で参加型改善が行えたことは、うれしい驚きでした。

「人間工学の原則」につながる「技術力」

小規模企業の多様化する複合リスクに対して、リスク対策に使える良好事例をもとに「アクションチェックリスト」を使って参加型職場改善を行うという試みがアジアでも日本でも始まってきています。その結果、グループで行う職場検討会で改善策を決め、すぐの改善策の実施までこぎつけられたことは、小さくとも成果が上がってきています。

「アクションチェックリスト」の活用経験から、たくさんある多くの業種に共通した良好事例があって、有効なアクションとしても使える改善の原則らしきものがあることが、知られるようになったのです。職場アクションについての共通の原則は、一九九〇年代から二〇〇〇年代にかけての時期に、はっきりと認識されるようになりました。さらにそれは、ストレス対策にも使えるものであることも分かってきました。農業や水産業などの第一次産業、製造業などの第二次産業、医療介護の現場やサービス業などの第三次産業にわたる多くの業種で、共通の原則があると分かっています。そしてそれは、広い視野からの「人間工学の原則」につながるものだと認められてきたのです。

ＩＬＯと国際人間工学会が共同編集した「人間工学チェックポイント」の序文には、ワイズ方式とその応用による国際的な経験を人間工学原理に沿った応用策の集成として編集できた旨、記されています。またこの応用として、製造業、農業、漁業、建設業、医療介護職場などの「チェックポイント集」が相次いでまとめられ刊行されてきました。参加型職場改善でも応用できる原則のまとめは、各職場で使われれば改善策に応用されるものです。

技術領域	**対話に結びつく応用原則（典型例）**
資材取り扱い	・取り出しやすい保管（多段、ラベル） ・運搬用途別の機器（カート、リフト）
ワークステーション	・届き易い作業対象（リーチ、種別化） ・自然な作業姿勢（肘高、立座変換） ・対象物の識別しやすさ（表示、色別）
作業場環境	・快適な作業環境（照明、温熱と換気） ・有害源の隔離（囲い、防護） ・衛生的な福利設備（手洗い、休憩室）
作業編成	・柔軟なチームワーク（分担、支援） ・休養リズムの確保（休憩、休養）
コミュニケーション	・情報の共有（ミーティング、掲示） ・緊急対応の備え（周知法、訓練機会）

表16　職場内の対話による技術力でよく応用される原則

　改善アクションにつながる「人間工学の原則」には現場の労働者が日頃の経験にもとづく知識に支えられている「技術力」とでも呼ぶべき応用力があります。表16を見れば、改善アクション原則が十二ほど並んでいることになります。この表は、多くの業種で共通してすぐ実施できるアクションを列記した簡略なものですが、職場の「技術力」を知ってほしいという考えで挙げてみました。

「人間工学チェックポイント」に現れ

る「人間工学の原理」を七つほど取り上げることで、人というものは何か、その奥底を感じ取ってみましょう。

(1)「作業場内の小さな階段や急な段差の代わりに、5-8%ほどのスロープにします」――通路にある急な段差は資材の円滑な運搬の妨げになり、怪我のもとです。「段差注意」と貼り紙をするより、なだらかなスロープにしましょう。数段だけの階段は手で持って運べば大丈夫と思うかもしれませんが、製品の損害につながるつまずきや転倒を起こす原因となります。なだらかなスロープがその危険を除去してくれます。なだらかなスロープでも侮らないで、対象物は手押しカートや車輪付きラックに載せて運びましょう。

(2)「必要のない荷の積み上げ積み下ろしを避けるため移動式(保管)ラックを使います」――他の保管場所に持っていけばよいだけの、不要なさまざまな重さ・形の荷が転がっています。力任せに運ばないことです。用途に応じた移動式ラックがあれば、積み上げ積み下ろしという作業も軽く済み、運搬の回数を減らせます。瓶を運ぶもの、工具や道具を運ぶもの、小物類を運ぶものといろいろです。

(3)「重い資材の上げ下げ、移動には機械装置を使用します」――重い資材を、手を使って上げ下げすることは、とても技能を要求することになり時間もかかります。災害や背・腰部を痛めることにつながります。移送装置の導入により作業の流れも円滑になります。

(4)「ねじったり、前に深くかがむことなく体の前方でゆっくり資材を上げ下げします」――資材の上げ下げは骨の折れる作業であり、災害性の傷害を起こすことがあります。床から持ち上げるのではなく、プラットホームから持ち上げる方が良いやり方です。あるいは、同じ高さの表面に沿ってローラーの上に資材をずらすやり方は負担が少ないです。

（5）「可能な限り、労働者が立位と座位を交互にとれるようにします」――立位と座位を交互にとることは、長時間どちらかの姿勢を保つよりずっと適切です。交互に姿勢をとることによって、ストレスを少なくし、疲労を減らし、士気を改善します。厳密に機械のペースに合わせた作業では、同じ姿勢を保つことが必要ですが、これは疲れますし、ミスを増やします。座ったり立ったりする機会を与え、作業をよりよく組織することができます。

（6）「屋内環境の改善に必要な時は自然換気をもっと利用します」――自然の気流は非常に強力な換気装置の役割を果たします。風は外の新鮮な空気を取りこみ、熱い汚染された空気を取り去ります。自然換気を増やす方法は一般的にどこでもすすめられますが、非常に寒い気候や、外気ないし気流の変化が適さない工程は例外となります。高価な換気装置を設置する前に、自然換気をよりよく利用することは考慮に値する選択です。

（7）「職場における容易なコミュニケーションと相互支援のための機会を提供します」――他の人たちが何をして、何を考えているのか。コミュニケーション不足は、作業の遅れや製品の品質の低下、ミスや災害さえもたらします。人は割り当てられた仕事を完了するに忙しく、孤立しがちです。個人にではなく、グループに作業を割り振ることもときには必要です。互いに協力しあえることを知るとき、仕事はずっと良く遂行されるのです。

すぐできる改善アクションの合意形成

職場ごとに異なる条件のもとで、「アクションチェックリスト」を使いながら、参加型職場改善のためのグループ討議が始まります。先に述べたようにグループ討議は、「資材取り扱い」「ワークステーション」「作業場環境」「作業編成」と広域の技術領域にわたって、進行していきます。グループ討議では、対象となる職場の良い点三つに合意し、そのあとで改善点三つを挙げる手順をとるようにすると対話がよく進み、合意に至りやすいという経験則があります。このようにして行われた技術領域別グループ討議結果は、実例をいくつか挙げてみると、たとえば表17のようになります。

提案する改善点を三点以内にしておくことで、短時間の討議でこうした討議結果が得られます。その改善点をすぐ指摘し合うのではなく、良い点から討議することで、現状を参加者間で見直すことができ、改善アクションを話し合う雰囲気も形成されます。さらに改善策を、「アクションチェックリスト」項目からヒントを得ながら共通経験と仲間の技術・知識をまとめた三点ほどの改善提案に合意しやすくなるとみてよいようです。

参加型改善のワークショップ形式トレーニングの場合、グループ討議は一五分程度から三〇分内外で行われるように進行することが多いのです。一つの技術領域について話を聞き、グループ

技術領域	良い点3つ	改善すべき点3つ
資材取り扱い	1. 通路の妨害物がない状態 2. カートと手押しトロリー 3. 整理された保管システム	1. 可動型保管トロリーを導入 2. 資材の荷積みに機械を導入 3. 化学物質の保管に多段ラック
ワークステーション	1. 縫製部門で肘の高さで作業 2. 工具とスイッチが届きやすい 3. 不良品収集用のシュート	1. 立位中ときに座れるように 2. 裁断作業を肘の高さに調整 3. 材料を保持する留め具を使う
作業場環境	1. 自然光と照明を最大限に利用 2. 自然通風と換気扇両方を使用 3. 化学物質容器の保管が適切	1. 縫製部門に局所照明設置 2. すべての化学物質容器に合う蓋 3. 化学物質保管場所の換気改良
作業編成	1. 午前と午後の短時間休憩 2. 安全に関する賞の授与 3. 緊急避難計画が周知	1. 職種によりローテーション 2. 管理者と移住労働者の研修 3. 作業場設計改善に労働者参加

表17　技術領域別に行われたグループワークの結果例

討議とその報告を含めて一時間から一時間半以内程度になります。自前の経験から対話する雰囲気づくりに役立ち、円滑に進行する支えになっているようです。

参加型活動で取り上げる広い視点が、個々の技術領域ごとにきちんと整理されていて、的確に良い点、改善点を指摘していることが分かります。仕事の進め方や環境整備、安全の確保策など、きちんと整理された見方を保ってグループ対話が進むことがよく分かります。お互いの作業経験と普段から職場の仲間内で培っている現場の見方が、グループ対話によって具体的な指摘に短時間のうちにまとめられることが、とても印象的です。

参加型職場改善が比較的短時間の職場内の対話を軸に進展する、この方式の採用が広く受け入れられ、各国の異業種によく普及してきた経緯は、貴重なヒントを与えてくれます。どの職場にも、広域リスクに対する職場改善アクションをさらに進める、その職場なりの「技術力」が備わっているとみてよいことが確かめられます。そうした職場ごとの条件に見合って存在するアクション指向の包括的予防技術の応用が、すぐの改善実施につながっていくのです。

第五章　参加型改善の新展開

ポジティブな視点を生かして

参加型職場改善が業界の域を超え国境を超えて広まった道すじを振りかえると、最も印象的なのは、現場のリスク予防をめぐって職場の良い点を仲間内で確認し、次にその良い点を伸ばす視点、「ポジティブ」な視点を何よりも重視してきたことです。どれほど小規模な職場でも、現場のさまざまなリスクを予防しようとする仲間の前向きな取り組みはあるのです。最初は、リスク対策に多少とも不十分ではあっても、改善に向かおうとする仲間内での共通認識が潜在していることが注目されます。

参加型改善の浸透が、多くの国の労働条件の向上と職場の労使協力に意義あるインパクトをもたらしています。直接の影響は、働く場所の安全と健康を確保するには、職場の仲間による積極的で前向きな参加がとても重要だとの認識を広めてきたことです。さらに、個々の危険有害要因に直接に対処するだけでなく、労働条件を広く捉えて多面的な対策を講じる手順を組み入れる重要性です。その結果はやがて、過重労働への対策とメンタルストレス予防にも向き合うことになります。職場の安全と働く人の健康や福祉の確保には、作業場環境だけでなく作業編成のあり方まで検討すべきという考えが、労使のあいだで常識となっています。体験がまた、新しい体験を生むのです。改革が継続していくのです。それは、他の職場や周囲にも好影響をもたらします。

　参加型職場改善では、良い実践に焦点を合わせると同時に、労働条件と生産性向上の双方に役立つ改善案を労働者参加で合意してすぐに決めることが大切です。そのことで、現場が変わることが労使にいい影響を与え、改善成果を見直して次の段階のアクションへ継続させていくことにつながります。

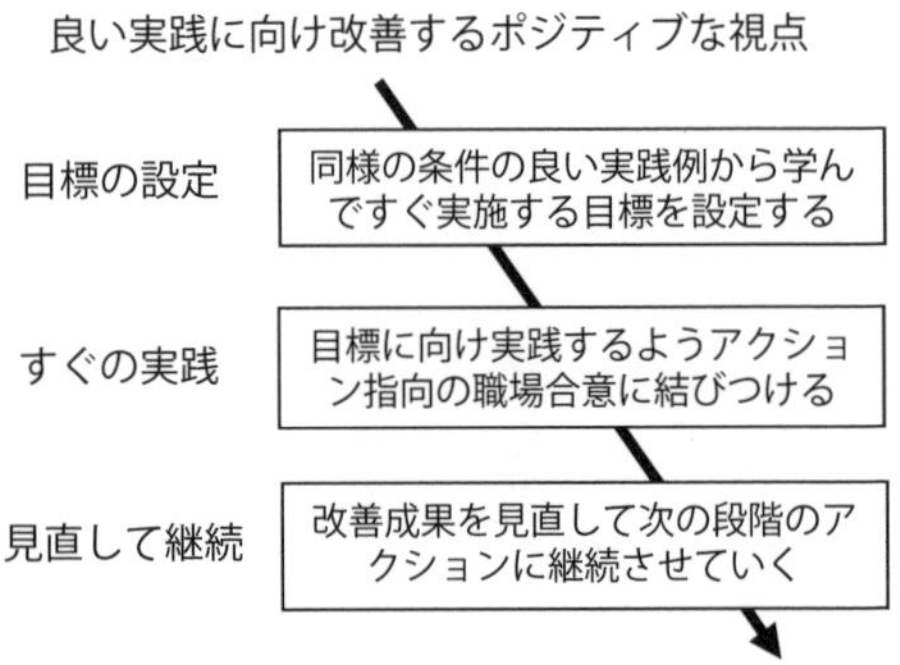

良い実践に向け改善するポジティブな視点
目標の設定
同様の条件の良い実践例から学んですぐ実施する目標を設定する
すぐの実践
目標に向け実践するようアクション指向の職場合意に結びつける
見直して継続
改善成果を見直して次の段階のアクションに継続させていく

図15　参加型改善に共通するポジティブな捉え方

　段階を追って、「目標の設定→すぐの実践→見直して継続」へと、良い実践を進ませるポジティブな視点の現れ方を、図15に示します。ポジティブな視点は、参加型改善のステップのなかに繰り返し生かされていくことが分かります。この「目標の設定→すぐの実践→見直して継続」の一連の手順に軸足をおくポジティブな視点は、ほかにも伝わっていきます。異業種や国を超える動きにもなります。

　最初は、現状への不満や批判があっての取り組みだったかもしれませんが、一度、参加型改善を体験すると、ポジティブな視点がもつ利点に気づくようになります。そこに働く人たちがより人間らしい働き方に向けての改善策を次々と実行に移していく、その「強み」に着目することが、とても大切な点です。職場の安全化、健康化と福祉向上にすぐ役立つ低コスト改善を広い技術領域にわたって目標として視点の先に見るようになる、そうした改善手順のとり方が、ポジティブな視点の普及を支えてきたことになります。

職場対話を支える「推進者」に役割

参加型改善活動の普及には、業種と地域の条件に合わせて取り組むことが基本ですが、それが「その地域のその場所に」定着していくためには、もうひとつ別の要素があることに、みんな気づいています。それが、その職場で働く人みんなに働きかける、一種の仲間トレーナーでもあるファシリテータ役の「推進者」たちが育っているかどうかです。たとえば推進者は、職場で短時間でもいい、職場検討会のような形で話し合いの場をつくるのです。このあいだ実施した「参加型改善」で、さあ環境が変わった、その結果はどうなのか、果たして良くなったのか、みんなが気になる関心事でもあり、ちょっぴり心配な点です。そこで必要なのが、改善成果の「反復フィードバック」による手助けです。

もうひとつ推進者は、とても重要な役割を担います。先にアジアの労働組合を対象に実施した「ポジティブ方式トレーニング」を紹介しました。そのとき、トレーナーの代わりに労働者のボランティアが職場トレーナーとなって「職場トレーニング」を行うという話をしました。それが、推進者が担う次の仕事、役割です。次回のその職場での参加型改善を専門のトレーナーがいなくても、推進者が行うのです。

あるいは、推進者が完全な「参加型改善」を行うのがちょっとまだ早いかなと感じたら、最初の実施の一ヵ月か数ヵ月後、職場の有志に「アクションチェックリスト」を配布して、短時間でも職場検討の話し合いを持つように働きかける役を担います。自分たちの職場を少し時間が経ってから回る、検証するのもいい体験です。「改善後チェック」です。

こうしたことをする意義がどこにあるのかというと、「職場改善」の日常化です。改善する「眼（あるいは芽）」が育っているのですから、さらに育つ「機会」があるといいことになります。また、他の職場における参加型改善の具体的な進め方やその良かった点から、職場の仲間にどう情報を提供したり話しかけたりすればよいかを学んでいってもいいわけです。とりわけ役立つのが、すでに参加型改善に取り組んでいる他の職場でトレーナー役をすることです。参加型改善の「横」の情報が大切なのです。違う地域の、同じ業種か似ている業種でもいいし、あるいは同じ地域のまったく違った業種でもそれはそれで勉強になる、「畑・栄養」になります。

推進者はどうやって選ばれるのかというと、多くは、参加職場で働く労働者、ないしは中間管理職・現場主任のような方が仲間たちから自然な形で選ばれるか、だれかが「言い出しっぺ」になり推薦され、委嘱されます。それでは、そうした「推進者」をどうやって育てるのでしょうか。ここに、参加型職場改善活動がたくさんの職場に広がっていった秘密があります。「推進者研修会」のかたちをとってトレーニングするのです。

「推進者研修会」は、短期研修として行うとよいことが知られています。数時間から半日、ないしは一日ないし二日程度の短期ワークショップ形式のこともあります。ボランティアによる複数の推進者候補を集めます。そこで、（少なくとも最初の一回は）参加型職場改善の経験があるトレーナーが、当該の職場を例に、良好事例の写真・イラストに、改善策提案用「アクションチェックリスト」のツールを準備して、参加型改善の意義と手順を説明するスライド群を用いて手順を説明します。それが終わったら、小グループに分かれて、参加者に対象職場の「良い点」と「改善点」をまとめるグループ討議を行います。各グループは、真ん中にテーブルを置き、そのテーブルを囲むように参加者は座り、短時間のグループ討議によって、意見をまとめていきます。それが終わったら、各グループの討議結果を良い点三つと改善点三つを簡潔に述べるかたちで報告し合います。その後は、全体討議で、すぐ取り組む改善点と中期的に取り組む改善点に分け、全体の改善トレーニングが終了します。

推進者研修会に出たらすぐに明日から、すべての人が「推進者」になれるわけではありません。先に述べたように、まずは自分の職場でどう仲間たちに向き合えるか、です。恥ずかしがらないで職場検討会を開く、あるいは参加型改善のツールを使ってミニワークショップを行い、改善策を決めるグループ討議を開き改善策の合意にまで至れるか、です。あらかじめ設定した一、二ヵ月ほどの期限内に改善を実施し、そうした結果を持ち寄って報告し合う「研修会の事後の集ま

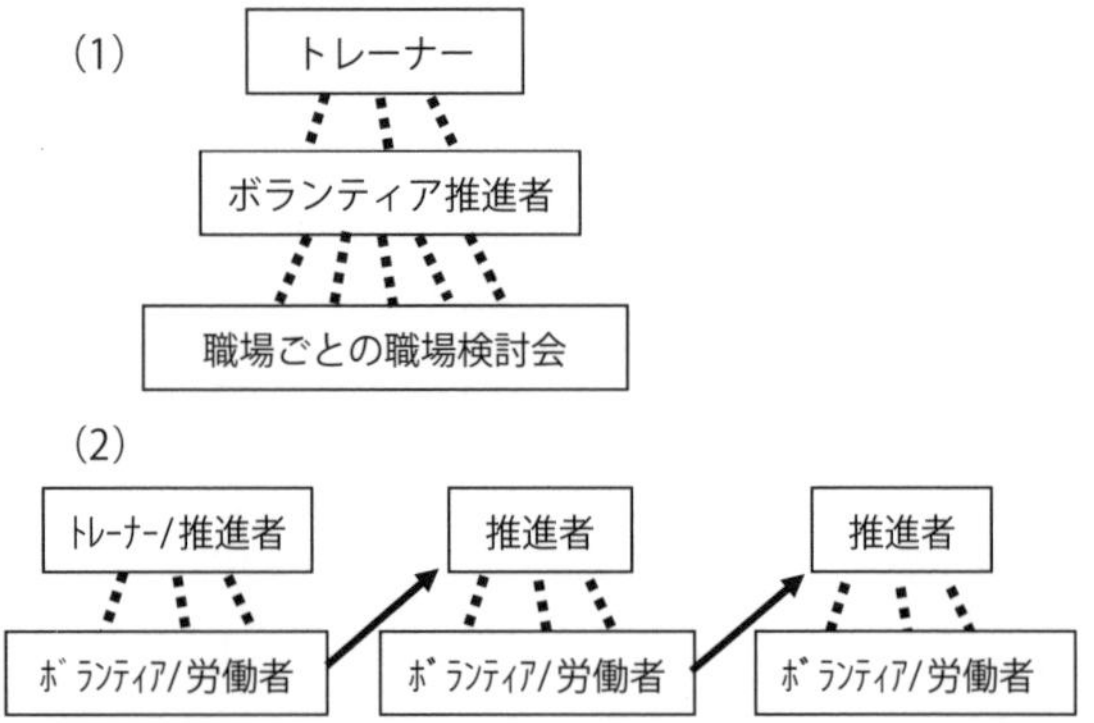

図16　研修を受けた推進者を介した職場改善の2つの普及経路

り」があり、各参加者がお互いを鼓舞し合う機会がとられます。

職場の条件もまた「推進者」の話を聞く仲間たちの受け取り方や雰囲気も言ってみれば千差万別、いろいろあるでしょうが、使いやすいツールと平易な合意形成までの手順がよく理解されていれば、また次の機会には推進者は、一種のボランティアのかたちでこのサポート役を担っていけるかもしれません。

こうした推進者研修の実施によって、これまでたくさんの有能な仲間が育ち、参加型職場改善活動を支える人びとが誕生しています。そうした仲間の実践が、次には新しい推進者を誕生させる機会ともなっているのです。「良い実践が有能な人をまた育てる」のです。

図16に示すように、参加型改善活動がいくつもの対象職場に広がっていく背景には、この図に示す二通りの動きがあることに気づいていました。図の(1)は、それぞれの職場・事業所で参加型改善を始めるさいに行われる普通のパターンである縦方向の展開に当たります。「推進者研修会」もこちらに入れておきます。図の(2)は、参加型改善の

横展開に当たります。横展開がさらに次々とつながっていきます。全体としては、縦と横がいろいろ組み合わさっていますので、「水平展開」とも呼んでいます。多くの業種にまたがり、また各国境を超えて仲間たちがいることによって進行していくことになります。

「推進者研修会」は、参加型改善がアジア各国で普及していくときによく開催されました。しかし、図16の⑴の「ボランティア推進者」の代わりに、「職場労働者・経営者代表」と名前を変えて入れれば、ある職場を対象に、集まった労働者と使用者に「研修」を行い、研修後、職場に戻って改善点をいくつかにしぼって合意して期限内に改善を実施する方式であることに気づきます。よく見られる典型的な参加型改善の実習です。「推進者研修」が特別なものではなく、普通のものだったのです。

図16の⑵についても⑴と同様、実施者が「トレーナー」から「推進者」に変わり、研修を受ける人が「ボランティア／労働者」に変わっただけで、中身は普通の参加型改善とみなせそうです。繰り返しになりますが、すべての参加者が推進者になれるという話ではなく、参加型改善までのグループ対話の手順とその意義をよく理解した参加者が、次のステップのボランティア推進者の役回りを進んで担うということです。お風呂の中でお湯を沸かすと水が下から上に循環するがごとく、人びとが次から次へと循環して立場が変わっていく参加型推進の横展開は、いろんな職場でもいろんな業種でも湧き上がるように起きたのです。

各国の経験でも、推進役で活躍しだす人たちは、職場の仲間から容易に選ばれるようです。実は、産業現場のさまざまな現場改善、安全で健康な、働きやすい職場づくりへ進んで協力していく人たちは、どこにでも存在しうると言って過言ではないでしょう。

小さな改善《スモールウインズファースト》から

これまで参加型改善活動に関わってきたことを振り返りますと、人と人との関わりが大切という気がします。推進者が次から次へと現れ、活動が広まっていくのもその延長線という気がします。これは、職場の安全化や健康の推進が、科学的な知識の普及と適用を軸に進むとみなす、やや知識偏重の見方とは趣きが異なるようです。もちろん、より安全でより健康的な職場環境を構成するには、働きやすさを目標にするというしっかりとした基盤がありました。しかし、そうした基盤となる知識の応用だけに頼りすぎると、現場の多様な条件や変化に果たして適応しているのかどうかが、見えにくくなってしまいます。現実に働く人の眼でしっかりとチェックし、みんなの意見の合意でもって改善と修正を重ねていくことが大切です。

参加型改善のもつ、シンプルで分かりやすい手順によって、現場の意見の合意によって改善の努力は続いていきます。こうした手順は表18に示す、次に述べる四つのステップに要約できます。

（1）〔計画〕（実施目標の設定）現在の職場が置かれている条件の下、可能な改善の目標を良い実践例から学んで、「見える化」して仲間たちと共通認識します。

（2）〔実行〕（改善策提案と実施）多領域にわたる改善アクションのリストを用いて、グループ討議ですぐ実施する改善策を提案し、実施する改善策に労使で合意。すぐにとりかかる改善策と中期的な展望で行う改善策に分けます。

（3）〔見直す〕行われた改善策の成果の確認。改善策が現場に何をもたらしたのか、実利と害、気づかなかった点はなかったか確認します。そのことをみんなと共有します。

（4）〔継続に合意する〕グループ対話では、改善する意志の継続を確認する必要があります。職場の良い点、改善の良かった点、不十分だった点にも視線を移し、次の取り組みへの時期と内容を確認します。

労働者参加の手順	対話の内容
①〔計画する〕すぐ実施可能な目標の設定	・職場の条件のもとで可能な改善の目標を同様の現場条件における良い実践例を「見える」目標として共通認識します。
②〔実行する〕改善策の提案とすぐの実施	・多領域にわたる改善アクションのリストを用い、グループ討議ですぐ実施する改善策を提案し、行う改善策に合意し実施します。
③〔見直す〕改善成果の確認と共有	・行われた改善を報告し合い、どういう改善が行われて実利があったかについての情報を参加職場の間で共有します。
④〔継続に合意する〕対話で改善する方式の継続へ	・行われた改善活動の良かった点を認識して、次の機会に継続して改善していくよう合意し、継続改善につなげていきます。

表18　参加型職場改善に共通するシンプルな手順の内容

以上の一連のステップは、事業場単位での「安全健康リスクマネジメント」の国際標準となっている「計画」（Plan）→「実行」（Do）→「見直し」（Check）→「改善」（Act）のPDCAサイクルが回る仕組みに相当します。さらに、一九九六年以降に定められた中小事業者を含む幅広い事業主に対する国際標準「環境マネジメントシステム」（EMS）のためのサイクル、「計画」（P）→「支援と運用」（D）→「評価」（C）→「改善」（A）の四段階にもほぼ見合っています。

参加型改善の「計画」→「実行」→「見直す」→「継続に合意する」という四ステップは、シンプルで分かりやすい手順でした。まず、最初の二ステップも分かりやすい手順です。「見える化」された良好実践例を手がかりに、仲間どうしによる直接のグループ対話ですぐに行う改善策の合意に至るところです。「実行」までに至る過程が「容易化」されていることが、第一の特徴に挙げられます。みんなの短時間の集中討議によって、すぐに行う改善策が目に見えるかたちで行われること、それが重要です。こうした体験はそこに関わる人間の心身に深く刻み込まれ、沁みていくものです。

さらに大切なこととして、すぐに行う改善を「小さな改善」に絞り込むようにした点です。このことを、第二の特徴に挙げたいと思います。もちろん、現場の条件によっては大きめの予算を必要とする場合もあるかもしれません。そのことを認めたとしても、三番目から四番目につながるステップに注目すると、改善の成果を当事者が見て確認することが、次の「継続」へつなげるための重要な階段です。この点が、さまざまな「リスク管理」に認められる捉え方そのものです。「継続は力なり」です。たとえ、効果が小規模でも、十分に実行するに値するとの了解が成立しています。「どのように改善を積み上げるかは、職場ごとの事情に応じてさまざまであってよい」と考えられているのです。

アジア諸国に広く普及してきた参加型改善のもう一つの注目される共通特徴は、別の業種、別々の地域条件で取り組みやすかった職場内の対話のすすめ方です。対話する時間を短く設定するやり方により、職場の仲間たちがそれなら取り組もうと認識するポジティブ視点が、改善策の提案から実施まで保ちやすい手順を応用できるようにした点を見て取りたいのです。

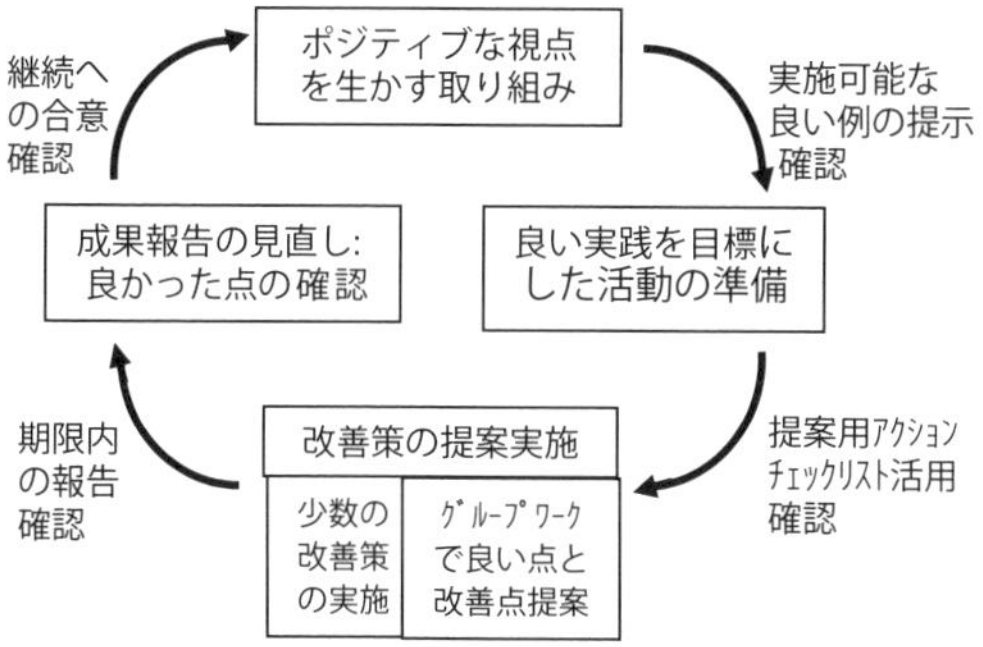

図17　ポジティブな視点による目標設定から継続実施に至る手順

この広く有益だった進展を改めて見てみると、異業種で同じように取り組まれた手順の各段階にすぐ実施可能な改善策を広域から選んで提案し合意していくポジティブな視点を生かすポイントがあることに気づかされます。この参加型手順に組み込まれているポイントを書き出してみると、上の図17のようになります。

いずれのポイントも、対話方式の参加型改善に取り組んできた経験では当然の進行です。つまり、分かりやすく取り組みやすいポイントのつながりとしてポジティブ視点が生かされていることが理解できます

良い実践を目標に設定する手順をとるにあたっては、良い実践例の幅広い提示が、そもそものポジティブな視点の手がかりになりえます。その目標に向けた改善策の提案と実施の

段階でも、目標に向けたアクション例を幅広くリスト化した「アクションチェックリスト」を仲間どうしで共有してから対話することで、ポジティブなアクション指向の提案が比較的たやすくできて対話が促されてきた経緯を見てとることができます。その対話をもとにした改善計画の期限内実施にも比較的たやすく移行できます。実施結果を報告するまでの手順が踏まれるなら、そのポジティブ視点を生かしながらの継続改善にも向かいやすかったと推量できます。

こうした一連のポジティブな視点を生かすシンプルな手順が、さまざまな業種、地域でほぼ同じように実現できている状況の背景として、二つの手がかりがあることが分かります。一つには、現状における良い点に着目しそれを対話の出発点にすることはとてもやりやすいのです。もう一つには、それを踏まえてすぐ次に行うポジティブ視点の着眼点を整理しておいて応用する点、つまり「アクションチェックリスト」に収録されている「すぐできる改善ポイント集」による例示を活用して対話することです。

職場の仲間たちが気づきやすい良い点も、そして、同じ仲間たちが「これならできる」と取り上げて提案する実施可能策も、いずれもいわば「見える化」しているのです。このような共同アクション内容とその実施方法についてお互いにすぐ理解できるようにする前向きの視点の活用を、職場の実態、職場の条件、その制約に合わせる様式で、まさに「容易化」させてきているのです。

このポジティブ視点による改善策実施までの具体的な手順は、実は、職場のさまざまな条件なり制約なりを伴う場面ごとにかなり異なっていたはずです。業種による改善策の内容、参加者の背景や気質などの違いもあります。それにもかかわらず、ポジティブ視点の利点を生かした手順の組み合わせ原則は共通であったことが、多くの業種への広がりに寄与しました。

ワイズ方式に始まる一連の参加型改善活動では、こうした考えにより「小さな改善から」を共通目標とする標語にして広めてきました。「小さな改善から」を英語に直すと、「スモール・ウィンズ・ファースト」と表現され、ウィンズはウィン（win）の複数形で、「いくつもの達成結果」の意味です。この標語には、仲間たちの合意ですぐ取り組みやすい改善が好ましいという意味と、第一の特徴である容易化した手順の意味とがともに込められているようです。国別の研修でも、また国際研修でもよく使われてきました。

参加型改善の原則の第一として重視してきた「現場の慣行の上に築き上げる」との表現も、ここで挙げた二つの特徴をよく表現しています。そうした進め方で実りある成果が得られていくのは、第二の原則「実績に焦点を合わせる」が持つポジティブな進め方の利点です。実情に合わせた小さな改善をよしとする捉え方は、どの業種でも受け入れられたようです。分かりよいアクション指向の手順が、参加型改善の普及に結びついたと思われます。

多業種への広がりを支える国際協力

参加型改善活動が世界の多くの職場に広まるよう推進してきたのが、ＩＬＯを中心とする多彩な国際支援です。しかし、それが多業種へ広がった背景には、ＷＨＯの役割も見逃すことができません。二〇〇〇年頃から、ＷＨＯがワイズ方式の医療への応用を支援したことで、各国の産業保健専門職や関連研究機関が医療の現場への応用を推進します。

そうしたことを受け、ＷＨＯはＩＬＯとともに途上国向けの産業保健サービス活動の普及に尽力します。その中心にあったのが参加型改善手法で、小規模の医療・保健の現場でも適応していたという理由からです。

とりわけアジア地域では、労働者の安全と健康を主テーマにする研究センターや保健センター、大学の産業保健活動にリンクした国際協力による参加型活動支援の動きが同時に進展していきます。タイ、インドネシア、フィリピン、ベトナム、インド、中国、韓国などの産業保健専門職と協力して、参加型職場改善を中小事業場で推進するためのワークショップや研修会を、多数行ってきました。国内でも各地の労働安全衛生センター、研究機関、大学や各地の産業保健職グループがそれぞれに協力して、参加型の職場環境改善活動を支援するとともに、現場の推進者向けの研修会を行ってきました。こうした「足元」からの積み上げが結実します。

このように、参加型職場環境改善がＩＬＯ、ＷＨＯなど国際機関による技術協力に根づいた進展と、産業保健活動の交流による国際的な支援の枠組みに取り入れられていった動きが、多くの業種に波及した状況を図18に示します。さらに、二〇一〇年代になって、参加型職場改善が職場ストレス対策、メンタルヘルス向上策として応用されるようになり、成果を挙げていきます。働く人の安全と健康確保に自主改善を毎年継続していく取り組みがいま多くの業種で進行中です。

最近では医療施設、介護現場、漁船とフェリーなどで、また外食サービスなど店舗形式の現場でも、改善例が多数報告されるようになりました。ワイズ方式を軸とした参加型改善活動が広く普及してきたことを、改めて強く感じます。

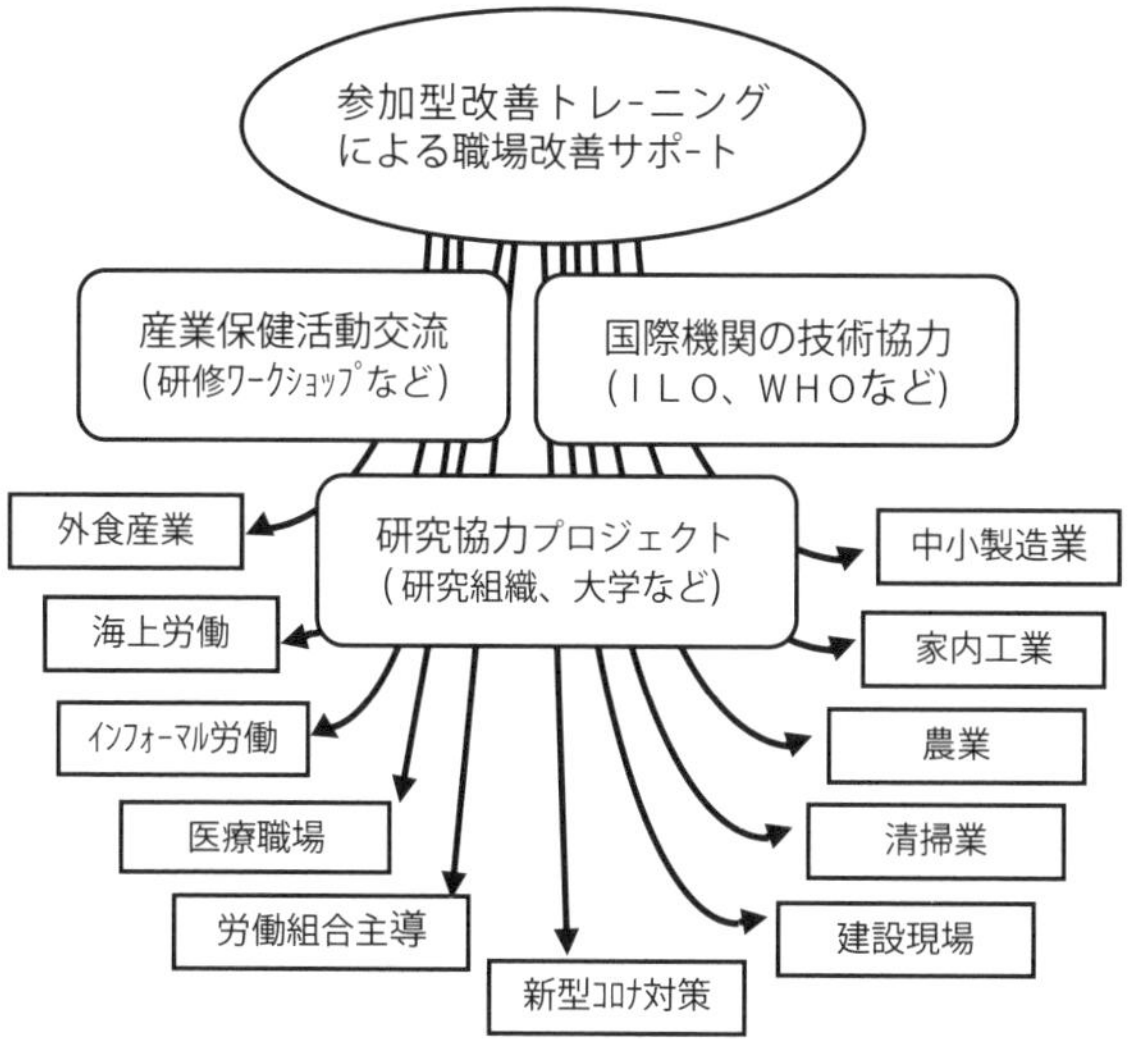

図18 アジア地域における参加型改善トレーニングの進展経過

こうした経緯が三〇余年にわたって引き継がれてきたことは、現場労使の直接参加による改善手順への関心が途上国でおしなべて高かったことによるとみることができます。アジア地域の産業保健組織と専門職仲間と長年培ってきた協力関係が、こうした新しい趣旨の国際協力の輪を育ててきました。それを潮流として支えたＩＬＯチームに長年にわたって参画し継承してきたことは、偶然とはいえ、得がたい経緯だったというのが、正直な感想です。

参加型改善のさらなる普及に、これからもこの意味の国際研修の機会をそれぞれの現地状況に合わせて組織していくことがぜひ必要です。多彩に行われてきた国際研修の経験を生かして、そうしたアクション指向研修の手法を交流していくことが、強く望まれます。

こうした多年にわたる国際技術協力を通じて、国際研修のそれぞれの形態に協力する立場にあったことから、多くを学んできました。ワイズ方式の立ち上げ時期からグループ対話を核とする参加型改善の普及に努めてきたＩＬＯ職員としての立場もあり、またその方法開発に寄与してきた労働科学研究所の国際協力活動を担う立場でもあったことから、参加型研修の効果的な進め方について、学ぶことができました。

幅広い国際研修の流れとその簡明な参加型手順のそれなりの現場即応的な進め方が、実績ある研修効果とともに参加型職場環境改善方式の業種・地域に応じたネットワーク的な進展を支えてきたことは、疑いありません。国際研修の進め方自体と、その手法の現地応用の経緯自体が、最初から一種の研修ネットワークの側面を持っていたといっても過言ではありません。条件の異なるアジア諸国にこうした相応的なネットワーク機能がそれなりの効果を持ちえたことは、いま考えても、ぜひ注目しておきたい点になっています。

参加型手順の共通理解とその応用規範のかなり統一的な試行が常にアクション提案用ツールの利用で容易化されてきたことが、とりわけ、この多様に組み合ったネットワークの性格をよく示しています。それぞれの現場ですぐ実施できるアクションが事例化、リスト化されて提示されているため、このツールは業種と地域に合わせての編集がたやすくでき、現場に適合した改善アクション提案を容易化できていることが、パートナーたちによく伝わりました。このネットワーク機能は、一種の社会対話の「連結式ネットワーク」を形成しています。この効果的な経験を横につなぐネットワークは、組織だった規則にしたがって連携する集中管理方式のネットワークとは異なり、もっと小回りでゆるい不規則な連携でつながり合います。

このネットワークの特徴は、取り組みやすい現場向けアプローチの良さ、分かりやすさを伝え合っていく点にあります。ときに相互に影響し合って別のグループや一時的な仲間にも「飛び火」していくこともある、ゆるい様式の、いわば分散連携方式のネットワークです。職場の指揮系統やルールに従った運営でなく、仲間どうしの発想や工夫に根ざした連携を積み重ねるネットワーク機能が組み合わさっているとみられます。

その良い例は、職場のふだんの組織的な運営面とはやや異なる契機で起こる不時の事態への備えや対策、効果的な工夫の場合に見られます。過重な作業負担や、繁忙期における対策、自然災害への準備、そして仕事の進め方に大きく影響する緊急事態としての感染症対策など、重要な場面を想い起こしましょう。日常の組織運営とはやや異なったポジティブ視点での発展性のある仲間連携に相当します。

参加型改善は、この意味で、なかばフリースタイルの対策優先の手順をとるのが、大切な共通点です。そうした実績を話し合う国際交流に当たっては、現場への対策実施を目標にした取り組みと改善アクション指向のツールの応用法を知り合うことが基盤となります。こうした具体的な実績の特徴とその意義に重点をおいて交流を図ることが、予防目的のネットワークでは大切なのです。

国際標準に見合って普及した参加型改善

さて、それではここまで述べてきたことを、時代を追っての産業安全保健活動の中での流れとして振り返ってみます。そのテーマは、「参加型改善活動と職域安全保健の潮流」です。時間は一九七〇年以降です。

国際連合内の一組織、国際労働機関（ＩＬＯ）は、どのような考えで労働者の安全と健康問題に向き合ってきたのでしょうか。その視点でいうと、東南アジアの中小製造業を対象としたワイズ方式は、途上国の労働者の労働条件をめぐるＩＬＯの国際技術協力の一環として始まったかに見えます。その後、ワイズ方式を始まりとする参加型職場改善がどのような進展を遂げてきたのか、それはＩＬＯの取り組みとどのように連動してきたのか、見ることが大事な点です。同じ国際連合内のＷＨＯも、健康水準の向上を目標にした技術協力で協力します。

こうした進展と連動のもとになったのは、一九七〇年代から八〇年代にかけて「法規準拠」方式に頼る労働安全健康分野の進め方を「職場の自主対応」を基盤とする方針へと大転換するきっかけとなったある文書の存在です

その文書とは、一九七二年六月に英国の雇用省に提出された「労働における安全と健康」（い

わゆる「ローベンス報告」）であったことは三章の冒頭に述べた通りです。

この自主対応体制への世界的な移行は、画期的なことでした。ＩＬＯが政労使協力による「労働の人間化」を打ち出して、労働条件の改善と向上に打ち出したのは一九七五年以降のことです。ワイズ方式が次第にかたちをなし、アジアの各国へ広まっていくのは一九八〇年代からです。ＩＬＯ本部の協力で「ワイズ方式」と正式に命名され、アジアはもとよりヨーロッパをはじめ中南米、アフリカへと広がり始めたのは一九八九年からです。

ワイズ方式は、まず製造業で普及しだしましたが、一九九〇年代になって農業、建設業で行われて成果を挙げ、また家内工業などの一部のインフォーマル職場、清掃業などでも取り組まれました。この時期、事業場の自主改善を国際標準にした「安全健康マネジメントシステム」が世界の各国共通の取り組み目標となったのです。この新しい国際共通方針を背景に、労使が自主改善していくよう支援する技術協力が注目され、参加型改善方式が、アジア地域だけでなく、アフリカ、中南米地域でも普及しだしました。二〇〇〇年代になると、医療、介護、水産業、サービス産業でも同じように参加型の取り組みが注目されて、応用する職場が広がりました。

こうしたワイズ方式の進展は、職種が違っても環境改善のために現場労使が話し合ってすぐの改善策実施を目標に取り組むのが大きな特徴です。この問題解決型の対話手順に力点をおくやり方は、従来の職場に潜在するリスクを探し出して分析し、その評価から対策を決める伝統的なリスク対策方法論と比べると、より柔軟な見方が含まれるようです。地域のよく似た条件に合った良好事例から幅広い改善領域の解決策の提案に向かうことにより、見落としていたり、必ずしも十分に取り組めなかった対策を取り上げることができるようになります。

日常の職場運営を行いながら、柔軟な対話方式を組み入れた参加型改善は、気づきにくいリスクや軽視しがちな問題点を認知してすぐに複合的な対策をとる進め方です。「すぐに複合対策をとる」利点は、産業現場ではずっと以前からよく知られていたことです。慢性的に進行する過労や筋骨格系障害、メンタルヘルス不調などの予防活動でも緊急事態対応でも参加型改善が重要だとわかり、同じようにリスクが重なり合う多重予防対策にもよいと知られてきたわけです。

「職場ドック」その後――医療介護の職場でも

北海道庁が道庁の職員を対象とした「職場ドック」への取り組みを開始したのは二〇一一年度からのことです。先行した高知県の取り組みに沿って始められました。

初年度は「アクションチェックリスト」と「ワークシート」（個人用とグループ用）を作成し、「職場ドックマニュアル」を試作します。アクションチェックが対象とする六つの領域（表19）を決定し、「職場ドック」に取り組む職員を励ますキャラクター「やってみるカニ」、「やってみタラバガニ」（図19）が誕生しています。少数の「モデル職場」で試験的に実施しました。このマニュアルは、取り組みの趣旨と進め方を述べたあと、各職場ごとに自分の職場を観察して必要と思われる改善策を提案するかどうかについて「いいえ」か「はい」を記入するチェックシート部分があり、職場単位の記入例が示されています。

この北海道庁のチェックシートは、二一項目からなり、表19に示した六領域の各領域ごとに三項目か四項目の改善アクションについて自職場で提案するかどうかを記入するので、記入しやすくなっています。職場ごとに七月か八月に一時間程度の職場検討会を開いて、年内に実施する改善策の一、二点から全体として重要な改善策三点ほどに集約して決め、管理者の同意を得て実施します。十二月までに実施結果を報告し、その集計結果が年度内に成果報告として全職場にフィードバックします。この経緯を、各職場ごとにまとめます。

二〇一三年度は「モデル職場」を拡大、二〇一四年度より

改善する領域	取り上げる改善視点
A　ミーティング・情報の共有化	ミーティングの定期開催、過大な作業員の調整、情報の共有
B　ON（仕事）・OFF（休み）のバランス	繁忙期の業務調整、ノー残業日などの運用、休憩時間確保、休日
C　仕事のしやすさ	レイアウトや作業姿勢の工夫、情報の入手しやすさ、作業ミス防止
D　執務室内環境の整備	温熱・騒音、有害物質対応、急用設備、緊急時対応
E　職場内の相互支援	相談のしやすさ、チームワークづくり、職場間の相互支援
F　安心できる職場のしくみ	ストレス予防の研修、緊急時の連絡体制、心の健康相談窓口

表19 「職場ドック」のチェックリストで取り上げる改善視点

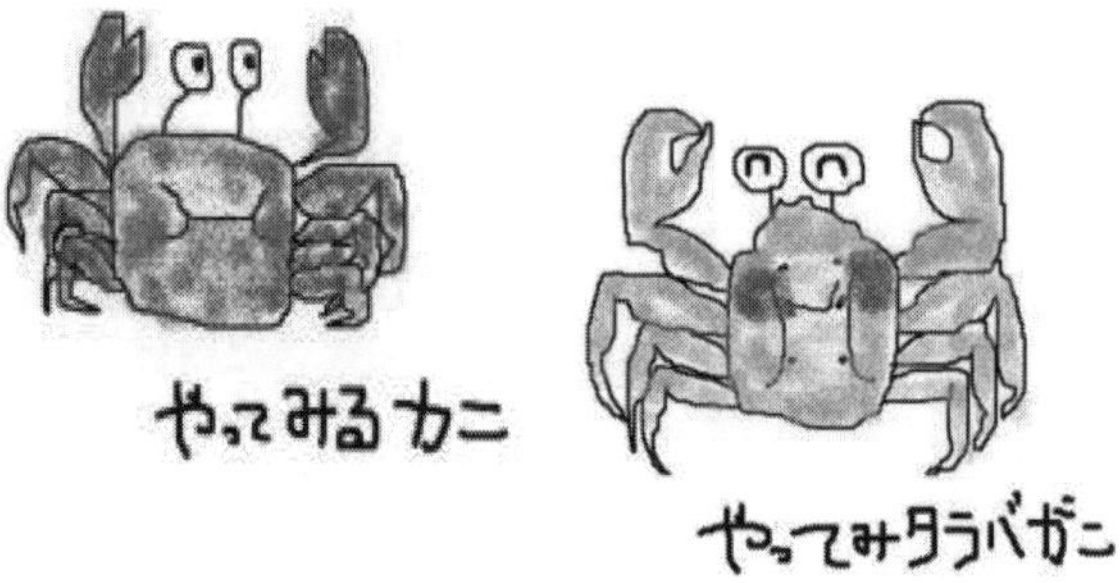

図19　北海道庁「職場ドック」活動のシンボル。「やってみるカニ」と「やってみタラバガニ」

全道・全職員を対象に「推進担当者セミナー」を実施、「職場ドック」が実施されることに決まりました。

実際に取り組んだ職場から上がった声には「書棚に納めきれない書類の整理・整頓が進み、その状態を維持するためのルールづくりも話し合いで決めたので継続できている」「同じフロアの職場どうしで協力し合ったので、思い切ったレイアウト変更ができ、すっきりとした視界と安全で効率的な動線の確保ができた」「悩んでいるのは自分（と自分の職場）だけではないとわかり、どんどん聞いたり相談できるようになった」など、物理的改善だけでなく心理面でも良い効果があったことが伺えます。

京都府では、二〇一三年度から京都府職員を対象にした「職場ドック」への取り組みが始まりました。まず三年間で全職場の「職場ドック推進リーダー」を養成することにし、彼らを中心に「職場ドック」を自主的に運営する仕組みをつくります。そしてもし要請があれば、臨床心理士がアドバイザーとして各職場を訪問したり、支援に入ることもあります。ツールとしての「アクションチェックリスト」とその技術領域は、吉川徹・小木和孝編「メンタルヘルスに役立つ職場ドック」（二〇一五）を参考にして作成したということです。「職場ドック」の体験感想で多かった意見としては、「これまで職場についてどのように感じているかを皆で話し合う機会が少なかった」というものでした。

京都に本社がある日本写真印刷（NISSHA）でもメンタルヘルスの一次予防を目的にし「職場ドック」に二〇一五年度から取り組みます。初年度は「モデル職場」として人事部が対象になりました。部内討議の結果、「職場環境の整備」と「仕事のやりやすさ」を改善する意見が多かったのですが、前者を実施するには総務部の了解が必要ということで先送りとし、後者を実施することになり、そのなかでも「書類の整理」にまず取り組むことになったのです。それぞれに任せても整理が進まないという予想から、ある社員の発案で「ステステ日」を設定します。

ネーミングは柔らかい感じを出すことで、少しでも楽しんでできないか考えたからです。実は、この年度で「ステステ日」を六回設定、廃棄した書類等は計三三七〇kgとなり、調べると動物のカバの平均体重二八〇〇kgを優に上回っていることが分かり、一同びっくりしたそうです。正直に言って最初はとまどうことも多かったのですが、取り組みがその日の担当者任せにせず全員が参加、「自分事」として行ったことがよかったという感想が上がります。不要な書類等が消えたことで設置していたキャビネット数を減らせ、この機会にすべてのキャビネットをスライド扉式のものに揃え直したのです。

さらに空いたスペースにプリンター一台を増設し、その結果、それまで起きていた出力紙の混雑が抑制され、みんなが喜んだのです。その経過を「社内報」（三か月ごとに発行）にマンガで連載、その努力もあって、翌年は複数の職場で「職場ドック」に取り組むことが決まりました。

次に、医療・介護の職場での「職場ドック」実施に向け、「アクションチェックリスト」の開発が進んでいますので、その途中経過を紹介します。人類働態学会と国際人間工学会連合の協働プロジェクトとして開発された「ヒューマンケアワークの人間工学チェックポイント」と吉川・小木編「メンタルヘルスに役立つ職場ドック」を参考に、ストレス対策を中心としたより簡便なものをと指向した結果、四つの技術領域とそこに入る各六つずつのアクション項目、計二四項目から構成されるもので、それぞれイラストをつけ、また「提案しますか？」の欄をつけ「アクションチェックリスト」の形は出来上がったということです。

四つの技術領域は、①保管・移動とワークステーション、②機器の安全と緊急時への備え、③作業場環境と感染予防、④作業組織とコミュニケーション、です。ここでは、四領域にまたがるアクション項目の内容を表20に示します。

医療・介護の職場で働く人が少人数で職場改善策を検討するときや、または個人事業主など一人で職場改善を考える際の参考になれば、ということです。また出来上がった、「アクションチェックリスト」は、安全衛生委員会などが職場巡視を行う場合のツールとして使えるかもしれません。今後、医療・介護職場での「職場ドック」や職場改善を進める際の一助になればという思いでつくられたものだということです。

ここまで述べてきた「職場ドック」の準備および実施の一端は、二〇一五年に公益財団法人大原記念労働科学研究所に組織替えした後の一般向け機関誌「労働の科学」の二〇一六年、七一巻七号に掲載されてきた記事に詳しく報告されています。この報告は、当時の「職場ドック」の準備および実施の一端を紹介するためでした。というのは、厚生労働省が二〇一五年十二月より「従業員五〇人以上の事業場で年一回」のストレスチェックを受けることを義務化しているという背景があるからです。ストレスチェックとは、ストレスに関する調査票に労働者が記入し、その結果から、自分のストレス状態を知ることができる検査のことです。

「職場ドック」はワイズ方式に代表される参加型職場改善の、メンタルヘルス一次予防の対策版と呼べるものです。五〇人以

改善技術領域	**具体的な改善項目**
保管・移動とワークステーション	通路の確保、多段の棚の設置、小容器を使う、移動カートの使用、移乗介助用具、よく使う材料を近くに、肘高作業
機器の安全と緊急時の備え	危険部位防護、安全な配線接続、消火設備・救急用具の設置、緊急時対応、自然災害への備え、暴力・ハラスメント対策
作業場環境と感染予防	照明環境、空調設備の設置、化学物質の管理、手洗い手順の確立、針刺し防止、感染予防、個人防護具の適切使用、休憩・仮眠設備の整備
作業組織とコミュニケーション	情報共有・定期ミーティングの実施、インフォーマルな交流の場の設定、ストレス対策トレーニングの実施、バリアフリー環境、懇談の場や勉強機会の提供

表20　医療・介護の職場における「人間工学改善チェックリスト」の技術領域とその内容

上の事業場における「ストレスチェック」の義務化が始まってしまったといったように後ろ向きに捉えるのではなく、これを機会に職場の環境や人間関係、コミュニケーションの問題点を考え、前向きに現状を変える「いい機会」だと捉えてほしいのです。「職場ドック」に代表されるように、このチェック結果を集団分析して、職場環境がその職場に働く人たちのメンタルヘルスに及ぼしている影響を知り、必要な改善について参加型活動を行っていく取り上げ方が、すでに広まっているのです。

先に紹介した「職場ドック」を体験された方の感想にもあったように、「悩んでいるのは自分だけではない」というのは、いい気づきです。実際、グループ討議のなかで、自分の職場の良いところ三点、改善策三点の話し合いをしてから議論に入っていくのを最初はとまどいをもって受けとめられた方も、他の人の話を聞くうちに「とても前向きな気分になれた」という感想に変わった人も多かったようです。

「職場ドック」を、職場の話題をこんなに事細かに同僚と話しする機会もなかったと新鮮に感じる人も多いようです。仕事であれば、上司と部下の関係ですが、テーブルを囲んで向かい合って意見をいうときは、ひとりひとりの意見・見解は平等です。若い人の意見ほど貴重です。いい機会なので、十分に言いたいことを話していいのです。自由な対話を通して、うまくすれば「いい」改善案にめぐり合えます。そのときは、一種、爽快な気分も味わえます。グループで話をしていると、先の展開が読めなくなることもあれば、話の流れが変わる印象もあるでしょうが、良い点、改善点を出し合うことで、だれかが思いがけない手助けに入ったり、話の流れがガラリと変わりします。どこから手を付けるかで、面白味も生まれます。対話の効果で、うまく「いい」改善案に出会ってください。

漁業・水産業者向けの参加型改善――日本から世界へ

現場の実状に合わせてすぐに改善策に取り組めるという参加型改善の重要な特質が、今日、多くの業種に普及してきた背景にあったと思われます。こうした事情は、国内外を問わず多くの国において、どの業種でもほぼ同じ手順で参加型改善が進められてきた点が注目されます。業種ごとに、日々の仕事の進め方には大きな違いがありますが、仕事を働きやすくするための具体的な内容や、作業場の環境のあり方、コミュニケーションのとり方には、共通点が多いからです。

業種に合わせての安全対策や健康対策を、現場に働く人たちが機会を見つけて話し合って応用しやすい手順にしておくことが、大いに役立ちます。分かりやすい改善例を参考にして、アクションチェックリストや小マニュアルを使っての提案が出やすく、新しい改善に進みやすいことが、多くの業種や、地域に広がってきた理由とみられます。

近年のよい例として、陸上および海上での漁業や船・フェリーなどを対象に、参加型改善が国内で行われたのです。ワイズ方式と似た特徴をもつことから、船内を意味する「オン・ボード」の言い方を採用し、「ウイブ（WIB：Work Improvement on Board）」と名づけられます。労働科学研究所から分かれた海上労働科学研究所の事業でしたが、二〇〇六年にこの研究所が解散した後でも、研究会や大学研究者が講習会などを通して国内各地の動きに関わってきます。船員や漁業者を対象に、様々のユニークな特徴をもつ現場で安全面と健康面の両面のバランスをうまくとりながら改善が行われます。こうした国内での事例報告が、海上と陸上をつなぐ異色ある自主改善活動として、国際的にも注目されたのです。

二〇一二年から、ＩＬＯアジア太平洋総局が支援する国際技術協力として、アジア各地の漁業労働改善に、参加型改善を取り入れようとする活動が始まったのです。海上での漁業に加え、陸上での水産物加工や缶詰工場などを含めた協力体制が組まれました。漁業に関連した陸上での流通加工などの多彩な作業に及ぶことから、ＩＬＯ事業としては「ワイファイ（ＷＩＦＩ：Work Improvement in the Fishing Industry）」と名づけられました。海上・陸上の良好事例を取り上げながら、三〇項目のイラスト入りのアクションチェックリストを用いて一、二日のワークショップで漁業・水産従事者が研修するやり方がフィリピン、インドネシアなどで始められました。

この「国際研修用のマニュアル」の作成に、国内の船員・漁業者を対象に自主改善研修を行ってきたグループと小木らが協力します。注目されるのは、参加型改善の特質でもある、提案リストを使った現地ワークショップ式の研修に重点をおいている点で、国内の多くの港で取り組まれてきた豊富な実地研修の経験が、そのまま国外でも生かされるかたちで進行中なことです。

新しい漁業現場の参加型改善では、現地で取り上げる改善領域として、資材・機器取り扱い作業、安全健康リスク対策、作業編成と福利設備の三域にまとめて、どこにも共通する改善アクションを例示するようにしています。こうしたアクションは、国内の多くの港で実際に確かめられてきた改善点に当たります。豊富な実例をもとにまとめられているため、対象とする業種で行われているグッドプラクティスを集めていけば、国外でもそのまま応用できることが分かりました。海上、陸上作業の進め方の実地経験をもとにすると、改善の取り上げ方としては地域差を越えて応用できることが、改めて確かめられたのです。

印象的なのは、漁獲物や資材・機器の取り扱い、安全な運搬と移動、その際の転落・転倒防止法から照明・換気・有害物対策・事故対策、移動するときの標識と目的地までのリスク対策、その間のチーム作業やコミュニケーションを含めた作業編成のあり方までの幅広い改善アクションを、現地ですぐに行うように推奨している点です。良好事例と簡明なアクションリストをもとにしたグループワークでもって実地トレーニングですぐに行うようにすれば、幅広い領域にまたがる改善策も当事者に容易に理解されることが分かったのです。こうした分かりやすさが、参加型の自主対策活動の利点をよく表しています。

漁業者・船員・水産業者向けの改善活動を、表21に示します。三つの改善領域にまたがり、主な二〇項目の改善アクションに絞っていることが分かります。こうした改善策は、他の業種での参加型改善の研修でもきっと参考になると思います。

個々の改善アクションを見ていくと、人としてふさわしい労働を行えるよう職場ごとに実行し

改善領域	研修する主な改善アクション
(1)資材取り扱いと作業しやすさ	・通路の障害物を取り除く ・多段の棚と置台を備える ・工具ごと置き場所定める ・運搬用に台車を用いる ・コンベア、リフター使う ・操作具を届きやすく配置する ・肘の高さで操作する ・ラベル、標識を見やすく
(2)現場リスク対策	・防護手すりを設置する ・機器の危険部に防護装置 ・過度の高温寒冷を避ける ・グレアなしの適度の照明 ・有害環境発生源隔離する ・有害物を安全に保管する
(3)作業編成と福利設備・保健対策	・個人保護具適正使用する ・緊急避難路と消火器確保する ・休息所、飲み水を設ける ・応急設備を職場内配備する ・効率よいチーム作業行う ・特殊ニーズ持つ人に配慮

表21 ヒント集としての漁業職場の自主改善アクション

ている自主活動にとてもよく似ている共通点があるのに気づきます。つまり、製造業や建設業などで検討した改善策と、労働生活を働きやすいように日々送っていけるよう職場の仲間と一緒に話し合って検討していくときの見方、視線の方向を分かりやすく整理して例示として示していこうとしていると、理解することができます。

とりわけ、漁業の特徴である海上作業と水産物加工職場・市場など陸上作業とに共通した視点で改善策をチェックすることができることは、大事な教訓です。これらの視点は、製造業や建設業などで検討した改善策について認められてきた取り上げ方であり、働きやすい職場にしていく際に基本なる見方が実は業種間で共通基盤に立っていることを物語っています。職場の実態はさまざまでも、働きやすくするには、とてもよく似ている共通基盤があるのに気づきます。したがって、自主改善活動を行う参加型改善にとって、お互いの交流を通じて活用する改善事例や提案用リストは、常に、多彩な経験に支えられながらの自職場にも見合った具体的な改善策提案用の「ヒント集」としての役割を担っていけるのです。

実は、このように、参加型改善活動で改善事例を提示したり、新しい改善策の提案リストを用いたりするのは、自主提案の促進ツールとしてとても有用だからなのです。このことは、多職種の事例を紹介するときにもすでに指摘してきた点ですが、そうしたヒント集のもつ巧みな交流機能を利用することが、自主改善を参加型で行うさいの共通の方策になっています、この点は、各地域のさまざまな業種で参加型改善に取り組んでいくときの良い指針となります。

参加型職場改善のこれから

ここまで参加型改善の進め方や意義、そして国外と日本国内の様々な職場への広がりについて述べてきました。その上で、参加型職場改善はこれからさらにどのように進んでいくのでしょうか。次のように考えることができます。

第一に、さまざまな草の根の職場へのさらなる広がりです。日本国内でも国外でも労働基準の順守支援や産業保健サービスの行き届いていない職場があり、そうした所で働く人びとがまだまだたくさんいらっしゃいます。そうしたサービスが届きにくい各地の小規模事業場があり、多くのインフォーマルな経済職場や小規模自営業、あるいは自営農業のように労働安全衛生法制度の枠外にある職場がたくさんあります。あるいは産業保健制度の整った企業であっても非正規労働者や移民労働者など、正規労働者と同等の産業保健サービスが行き届いていない場合があります。さらに今後、テレワーク、ギグエコノミー労働者、デリバリー労働者など、これまでなかった非定型的な働き方をする人たちがさらに増えていきます。

そうした意味で、参加型職場改善手法は簡便にどんな職場でも実施しやすいことから、これまで産業保健サービスが行き届かずにいた職場における具体的な改善活動を後押しできる場面が数多くあります。繰り返し述べてきたように、どんな職場でも働く人たちの安全で健康的で働きやすい職場づくりに根差したグッドプラクティスは必ず存在しますから、そうした自主対応努力を支援することができます。実際、筆者らだけでなく、多くの人びとが、今この瞬間にもこれまで産業保健サービスが行き届いていなかった、アジアと日本の草の根の職場との共同作業に取り組みの裾野を広げておられるのです。

第二に、参加型職場改善は労使主体の活発な安全健康対策の取り組みを強化します。これはILO第一五五号条約などの国際基準で確認されている通り、本来のそしてもっとも効果的な労働安全衛生法制や行政措置を職場で支える活動の進め方です。国外でも国内でも、進んだとみられる産業安全保健活動や体制ができている職場においても、案外、この労使主体と積極的な労働者参加ということが必ずしもしっかり認識されていないケースを目にします。専門家や担当者が請け負いすぎて、労使はその意見の受け手になっている場合も見られます。

労使主体の安全健康活動とは、労使が自分たちでリスクアセスメントを実施して、職場における安全衛生リスクを日々拾い上げ、着実な改善活動を展開することです。まさに参加型改善手法が得意とするところです。助言者としての産業安全保健専門家の役割は重要ですが、職場の最前線にあって最初にリスクに気が付くのはその場にいる労働者や経営者である場合が多いのです。参加型職場改善の進展は、このような労使主体の、そして現場の人たちによるリスクアセスメントと一次予防活動に軸足をおいた、本来あるべき産業安全保健活動の見直しと強化を多くの職場に広めていく効果が期待されます。

そして第三に、参加型改善の進展によって異なる国の職場の経験から学び合うことによって、相互理解が進み、さらに安全で健康的な職場改善が進みます。同じ基盤に立つ参加型手法が異なる国ぐにのいろいろな職場で応用され成功しているのは、改めて興味深い事実です。同様の手法とその工夫なので、国や職種が異なっても共感しやすく、相互乗り入れが容易です。実際、途上国への技術支援で広く行われている国際交流、日韓産業保健交流、国際産業保健学会あるいはILOなどを通して、参加型改善の経験やその手法の交流を進めるネットワークづくりが進んでいます。

経済活動のグローバル化は否応なしに私たちの職場に押し寄せ、常に新しい状況をもたらしていますが、そのもとであっても、各職場での努力を発信しあい、地に足の着いた内からのグローバル化が進み、共感をもとに国を越えた安全で健康的で働きやすい職場づくりの進展が進みつつあります。

職場でさまざまに働く人たちの自由な話し合いによる改善は、どの国でも、また多様な職場で、これからも取り組まれていきます。その取り組みやすい改善の進め方に軸足をおくことがよいと分かります。現場に根づいている良い実践が仲間たちの対話で横に広がっていくと期待できます。国内外の経験がそれを裏づけています。こうした経験を今後の取り組みにぜひ生かして、国内でも国際協力でも、地道な協力の実を挙げていきたいと願っています。

参考文献

小木和孝「労働衛生におけるアジア諸国との協力」公衆衛生　四七巻七号四〇四頁　一九八三
小木和孝「現代人と疲労」初版　一九八三　増補版　紀伊國屋書店　一九九四
国際労働機関（ＩＬＯ）、スウェーデン合同産業安全審議会　編著、小木和孝・天明佳臣監訳「安全、衛生、作業条件トレーニング・マニュアル」労働科学研究所出版部　一九九〇
小木和孝「ＩＬＯ活動と国際協力の現状からみた職業保健」産業医学レビュー　七巻四号一六三頁　一九九五
小木和孝「国際産業保健活動の潮流」公衆衛生六〇巻三号㈠五九頁　一九九六
小木和孝「労働条件（２）労働安全衛生」「講座ＩＬＯ　社会正義の実現を目指して」一九三頁　日本ＩＬＯ協会　一九九九
川上剛　トンタット・カイ　小木和孝「ベトナムメコンデルタ農村における住民参加型労働・生活改善プログラム（WIND）の開発と実践」労働科学　七五巻二号五一頁　一九九九
川上剛　原邦夫　伊藤昭好（小木和孝編）「すぐできる安全衛生マネジメントシステム」労働科学研究所出版部　二〇〇二
川上剛「ＩＬＯ国際労働基準とアジア地域技術協力」産業衛生学雑誌　四四巻臨時増刊号一九一頁　二〇〇二
酒井一博「日本国内における参加型安全衛生活動の現状とその意義」安全センター情報　通巻二九二号（一一月号）一〇頁　二〇〇二

川上剛　小木和孝「産業における安全・健康リスクと自主対応参加型改善」思想　七月号　岩波書店　二〇〇四
吉川徹編（小木和孝監修）「労働組合主導の参加型安全衛生POSITIVEプログラムの一二年」国際労働財団　二〇〇七
川上剛　小木和孝　氏田由可「アジア五カ国における国家労働安全衛生プログラムの比較」労働科学　八三巻二号五四頁　二〇〇七
吉川徹　川上憲人　小木和孝　堤明純　島津美由紀　長見まき子　島津明人「職場環境改善のためのメンタルヘルスアクションチェックリストの開発」産業衛生学雑誌　四九巻四号一二七頁　二〇〇七
伊藤昭好「参加型産業保健活動のすすめ」健康開発　一二巻二号三頁　二〇〇八
吉川徹　小木和孝「労働安全衛生マネジメントシステム（OSH-MS）への寄与としての参加型ストレス予防活動の役割」産業ストレス　一六巻六号二二一頁　二〇〇九
久宗周二「実践　参加型自主改善活動　自主的な労働安全衛生の実施を目指して」創成社　二〇〇九
小木和孝「労働安全衛生体系と自主的改善」公衆衛生　七七巻六号四八五頁　二〇一三
ＩＬＯ編　第二版　小木和孝訳「人間工学チェックポイント」労働科学研究所　二〇一四
吉川徹　小木和孝編「メンタルヘルスに役立つ職場ドック」労働科学研究所　二〇一五
吉川徹　吉川悦子「勤労者参加型職場環境改善」日本医師会雑誌　一四四巻六一二号二四六〇頁　二〇一六
竹内由利子「増える参加、広がる改善　継続発展する北海道庁の取り組み」労働の科学　七一巻七

号四―八頁　二〇一六
小木和孝「職場ドックにおける推進担当者の役割と短期研修の視点」労働の科学　七一巻七号四頁　二〇一六
齊藤明洋「職場ドックで進める働きやすい職場づくり」労働の科学　七一巻七号一〇頁　二〇一六
吉川悦子「医療・介護職場における人間工学改善アクションチェックリスト」労働の科学　七一巻七号一〇頁　二〇一六
山根英之、水本正志、内田陽之、岩佐浩「職場検討会・グループワークの持ち方と意義」労働の科学　七一巻七号四頁　二〇一六
小木和孝「産業安全保健国際協力の意義と課題」労働の科学　七三巻八号四頁　二〇一八
吉川徹「産業安全保健国際協力の経験と今後への期待」労働の科学　七三巻八号二四頁　二〇一八
吉川悦子「若手研究者国際ネットワークのこれから」労働の科学　七三巻八号一八頁　二〇一八
佐野友美「労研の国際協力の歴史と新たな時代の課題」労働の科学　七三巻八号四一頁　二〇一八
長須美和子「参加者の笑顔と成果が支える参加型改善活動」労働の科学　七三巻八号三六頁　二〇一八
李明淑「韓国で見た参加型産業安全保健ワークショッププログラム交流の意義と成果」労働の科学　七三巻八号三〇頁　二〇一八
日本農業労災学会訳編「農業における人間工学チェックポイント・アプリ」https://www.ilo.org/tokyo/information/pr/WCMS_645205/lang-ja/index.htm　二〇一八
ＩＬＯ編　小木和孝　吉川悦子　佐野友美　吉川徹訳「職場ストレス予防チェックポイント」大原記念労働科学研究所　二〇一八

斉藤一　川上剛「昭和期における労働科学研究所の国際協力」労働科学　九四巻六号一四九頁　二〇一八
小木和孝「中小企業を活性化する予防マネジメント」産業医学ジャーナル　四一巻六号四九三頁　二〇一八
松田文子　池上徹「健康な職場づくりと人間工学チェックポイントの活用」労働の科学　七四巻一号二八頁　二〇一九
湯浅昌子　吉川悦子　吉川通「参加型職場環境改善の評価指標に関する文献レビュー」労働科学　九五巻一号一〇頁　二〇一九
ＩＬＯ「仕事の未来の中心にある安全と健康　土台となる１００年の経験」（日本語版）International Labor Organization　二〇一九
伊藤昭好「労働安全衛生マネジメントシステムの教育と実践」健康開発　二六巻四号八頁　二〇二二

Kogi, K: Improving Working Conditions in Small Enterprises in Developing Asia, Geneva, International Labour Office, 1985
Kogi K, Sen RN: Third world ergonomics, International Reviews of Ergonomics, Vol. 1, No. 1, p.77, 1987
Thurman JE, Louzine AE, Kogi K: Higher Productivity and a Better Place to Work: Practical Ideas for owners and Managers of Small and Medium-sized Industrial Enterprises, Geneva, International Labour Office, 1988

Noro K, Imada AS: Participatory Ergonomics, London: Taylor & Francis 1991

Kogi K: Participatory ergonomics that builds on local solutions. Journal of Human Ergology, Vol. 9, No. 2/3, 211, 1995

Kogi, K, Kawakami T: Participatory ergonomic improvements in small enterprises in some developing countries. 人間工学 三三巻六号二七九頁 一九九六

Kogi K: Collaborative field research and training in occupational health and ergonomics International Journal of Occupational and Environmental Health Vol.4, No. 3, p.189, 1998

Kawakami T, Kogi K: Action-oriented support for occupational safety and health programs in some developing countries in Asia. International Journal of Occupational Safety and Ergonomics, Vol. 7, p.421, 2001

Kogi K: Work improvement and occupational safety and health management systems: common features and research needs. Industrial Health Vol. 40, N0. ２ p.121, 2002

Kogi K: Low-cost work improvements that can reduce the risk of musculoskeletal disorders. International Journal of Industrial Ergonomics, Vol.31, p.179, 2003

Kawakami T, Kogi K: Ergonomics support for local initiative in improving safety and health at work: International Labour Organization experiences in industrially developing countries. Ergonomics, Vol. 48, p.581, 2005

Kawakami T, Kogi, K, Toyama N, Yoshikawa T: Participatory approaches to improving safety and health under trade union initiative: experiences of POSITIVE training programs in Asia. Industrial Health, Vol. 42, p.196, 2006

Itani T, Tachi N, Takeyama H, Ebara T, Takanishi T, Murata K, Inoue T, Suzumura H, Kurungkriwong S, Khuvasanont T, Batino JM: Approaches in occupational health based on participatory methodology in small workplaces. Industrial Health, Vol. 44,, No. 1, p.17, 2006

Kogi K: Action-oriented use of ergonomic checkpoints for healthy work design in different settings. Journal of Human Ergology, Vol. 36, No.1, p.37, 2007

Kogi K: Roles of participatory action-oriented programs in promoting safety and health at work. Safety and Health at Work Vol.3, No. 3, p.155, 2012

Kogi K, Yoshikawa T, Kawakami K, Lee MS, Yoshikawa E. Low-Cost Improvements for Reducing Multifaceted Work-Related Risks and Preventing Stress at Work. J. Ergonomics Volume 6. Issue 1. 2016

Kawakami K, Participatory Training to Improve Safety and Health in Small Construction Sites in Some Countries in Asia: Development and Application of the WISCON Training Program. NEW SOLUTIONS: Vol. 26(2) 208–219. 2016

Kawakami K (edited) WISCON Work Improvement For Small Construction Sites. ILO, 2021

あとがき

本書は、アジアと日本で実践応用が進む参加型職場改善手法について、より多くの方々に知っていただき、またそれぞれの働く職場で活用していただきたいと考えて執筆されました。そこで、その進め方の実際、職場での活用例、使用されるツールや方法と手順、国際的な広がりなどについて説明を加えました。そして、業種と現地の条件に合わせて根づく地元の実践例に学んですぐの目標にするポジティブな視点をとる利点を述べました。

本書の執筆は、筆者らにとってもその意義と広がりを深く考察するよい機会だったと思います。シンプルですぐできる安全健康改善手法であると強調したため、一見すると、職場改善のハウツーのように見えるかもしれません。しかし、実際には、職場における労使のコミュニケーションと協力から始まって、国際労働基準に沿った実践展開、近隣職場どうしの協力、これまで見過ごされていたいろいろな草の根の職場への展開、そしてネットワーク化による広がりなど、参加型手法による安全で健康な働きやすい職場づくりには社会全体に及ぼす重要なインパクトがあり、そうした側面についても解説しました。

現在、二人の筆者は、国内国外のさまざまな職場における健康と安全改善のお手伝いをする仕事に携わっています。いろいろな職場と関わりながら、この参加型改善手法をいつも応用しています。そしてその応用範囲の広さに改めて驚かされています。大企業から中小企業、零細職場そして家内労働職場まで、あるいは建設、病院、廃棄物収集、農業、漁業、サービス業など職種ごとの幅の広さもあります。どこでもアクションチェックリストをはじめとするシンプルなツールと手順のおかげで、単なるリスク把握や問題点指摘に終わらず、具体的な改善アイデアが生まれてその実施が労使主体で進みます。

日本でも海外でも全員の参加と意見尊重を通した改善活動が進めば、各国・各職場にすでにあるグッドプラクティスや自助努力を強化でき、人間的で働きやすくそして効率的な職場づくりが可能になります。アジアで並行して進展した経緯がそれをよく物語っています。そして、大小さまざまな生産やサービスの活動をよりサステイナブルに展開することが可能になるでしょう。

本書が、そうした無数の取り組みと努力に対する一助となれば大きな喜びです。

小木和孝（こぎ　かずたか）

1933年生まれ。東京大学医学部卒業。労働科学研究所主任研究員などを経て、1983年よりILOアジア太平洋地域労働条件アドバイザーとしてバンコク駐在。ILO労働条件環境局長などを経て、労働科学研究所所長、国際産業保健学会長などを歴任。現在、労働科学研究所主管研究員。

著訳書：『現代人と疲労』（紀伊國屋書店）、『産業安全保健ハンドブック』（労働科学研究所、編集代表）、ILO編『人間工学チェックポイント』（労働科学研究所、訳）、『メンタルヘルスに役立つ職場ドック』（労働科学研究所、共著）。

受賞歴：1991年 Ergonomics Development Award（国際人間工学会）、1999年 労働大臣功労賞、2013年 日本産業衛生学会学会栄誉賞など

川上　剛（かわかみ　つよし）

1960年生まれ。東京医科歯科大学医学部卒業。同大学院博士課程（公衆衛生学）修了。産業医学総合研究所、労働科学研究所主任研究員を経て、2000年よりILOアジア太平洋総局及び、ILO本部勤務を経て、現在、ILO南アジアディーセントワーク技術支援チーム（ニューデリー）にて労働安全衛生専門家として勤務。

著書：『これでできる参加型職場環境改善』（労働科学研究所、共著）、『ISO労働安全・衛生マネジメント規格』（日刊工業新聞社、共著）。

職場《しょくば》が変《か》わる
――働《はたら》きやすくする参加型改善《さんかがたかいぜん》

二〇二三年五月二十日　第一版第一刷発行

著　者　小木和孝　川上　剛
発行者　菊地泰博
発行所　株式会社現代書館
東京都千代田区飯田橋三―二―五
郵便番号　102-0072
電　話　03（3221）1321
FAX　03（3262）5906
振　替　00120-3-83725
組　版　具羅夢
印刷所　平河工業社（本文）
東光印刷所（カバー・帯・表紙・扉）
製本所　鶴亀製本
装　幀　伊藤滋章

編集・水野寛

ISBN978-4-7684-5937-9
定価はカバーに表示してあります。乱丁・落丁本はおとりかえいたします。
http://www.gendaishokan.co.jp/

活字で利用できない方のための
テキストデータ請求券
『職場が変わる』